原生态文化记录者

发现：南山宗祠庙宇

发现城市之美 CITY DISCOVERY

出品◎深圳市南山区文物管理委员会办公室

海天出版社
·深圳·

主编／肖岳山 张春意

图书在版编目（CIP）数据

发现：南山宗祠庙宇 / 肖岳山，张春意主编． — 深圳：海天出版社，2020.3
ISBN 978-7-5507-2819-6

Ⅰ．①发… Ⅱ．①肖… ②张… Ⅲ．①祠堂－介绍－深圳②寺庙－介绍－深圳 Ⅳ．① K928.75

中国版本图书馆 CIP 数据核字（2019）第 300042 号

发现：南山宗祠庙宇
FAXIAN: NANSHAN ZONGCI MIAOYU

出 版 人	聂雄前
责任编辑	刘翠文
责任技编	陈洁霞

出版发行	海天出版社
网　　址	www.htph.com.cn
地　　址	深圳市彩田南路海天综合大厦 7-8 层（518033）
电　　话	0755-83460239（邮购、团购）
印　　刷	深圳市金丽彩印刷有限公司
开　　本	787mm×1092mm　1/16
印　　张	11
字　　数	250 千字
版　　次	2020 年 3 月第 1 版
印　　次	2020 年 3 月第 1 次
定　　价	96.00 元

海天版图书版权所有，侵权必究。
海天版图书凡有印装质量问题，请随时向承印厂调换。

CONTENTS 目录

第一章 南山宗祠庙宇：中国传统建筑形制的一个注脚

木结构与凹曲的屋面 … 002
 木结构及其背后的文化观念 … 002
 飞檐翘角的屋面 … 006
左右对称的院落式布局 … 012

第二章 从宗庙到祠堂

民间祠堂祭祖的历史 … 020
 "庶人祭于寝" … 020
 墓祭或上陵 … 022
 宋代民间可立影堂祭祖 … 023
 明嘉靖以后民间掀起兴建祠堂的热潮 … 024
《朱子家礼》对明代民间祠堂形制的影响 … 028
祠堂内悬挂祖先画像和摆放神主的传统 … 032
 尸祭 … 032
 画像和祠版 … 033
 神主 … 035

第三章
建筑形制

屋顶的样式	038
博风板与悬鱼	042
屋脊与脊饰	044
屋脊的样式	044
吻兽	047
仙人与走兽	051
封檐板	058
壁画	060
旋子彩画	064
镬耳墙	066
大门	076
带有鼓台的敞楹式头门	076
凹肚式头门	084
门枕石	102
屏门与仪门	106
影壁	114
踏道	118
栏杆	126
瓦面、柱础、砖石	128
拜亭	132

第四章
独特的祠联文化

独特的祠联文化   **138**

郑氏：宗承一本，派衍五房   138

吴氏：延陵鸣瑞鸟，渤海跃横龙   142

叶氏：门朝北斗，系出南阳   150

黄氏：江夏家声扬四海，维则世泽耀门庭   154

方氏：银青世胄，金紫家声   158

参考文献   **162**

后记   **165**

第一章

南山宗祠庙宇：
中国传统建筑形制的一个注脚

发现：南山宗祠庙宇

木结构与凹曲的屋面

深圳市南山区现存完好的29座宗祠庙宇，无一例外都继承了中国传统的建筑形制，主要表现在木结构与凹曲的屋面、左右对称的院落式布局、台基制度等几个方面，成为中国传统建筑形制的一个注脚。

木结构及其背后的文化观念

中国木结构建筑的历史，至少可以上溯到距今7000~5000年的浙江余姚河姆渡。考古学家在河姆渡遗址第四文化层发现了许多干栏式长屋遗迹，并出土大量木构件。这是我国第一次发现且是目前考古发现中最早的木结构实例。此处所发现的建筑遗迹，主要是排列成行、打入泥土中的桩木和桩头上用榫卯衔接的地梁。此外，还有一些散乱的梁、柱和长度在80~100厘米的厚板。这说明，该文化层的建筑全部为木结构。这种干栏式建筑的特点是分上下两层，下层架空，以桩木为基础，其上架设大小梁以承托地板，构成屋架的底座。然后再于底座之上立柱安梁，构成上层的屋架。在河姆渡文化时期，这种干栏式建筑已成为长江流域水网地区主要的住房形式。遗址中还出土了数十件带有榫卯的木构件。对榫卯制作工艺的研究表明，当时木结构技术已经达到相当高的水平，尤其是销钉的使用和企口板（板的一侧成凸字形，以便使木板紧密拼合并防止起翘）的发明，标志着此时的木结构技术已相当成熟。

但有意思的是，中国古人也同时掌握了砖石结构的营建技术。司马迁《史记·孟子荀卿列传》中记载，邹衍到了燕国，燕昭王不仅亲自出迎，而且还拜他为师，并专门为他建造了一座石结构的宫殿——碣石宫，以便求师问学。可见，中国石结构的建筑技术早在战国时期就已经很成熟了。木、石两种结构的建筑并无优劣之分，两者各有千秋。比如，木材寿命有限，而石材则营建过于耗时耗力。可是，何以中国传统建筑仍以木结构为主，而非石结构呢？梁思成先生认为，这其实反映出中国古人"不求原物长存"的观念。为什么会有这种观念呢？有一个简单的道理，我们不难理解，即：木结构形式的建筑，无论是在节约材料、节省劳动力方面，还是在施工时间方面，都要比石结构的建筑优越得多。换句话说，在达到同一要求和效果的前提下，我们的祖先选择了木结构建筑形式，也可以说是最为经济的一套技术方案。尤其是在施工时间上，同时代、同规模的中国建筑，其建造速度远远要比西方建筑快得多。

河姆渡遗址的干栏式长屋模型，这是我国最早的木结构建筑

发现：南山宗祠庙宇

赤湾天后古庙偏殿立面图。中国传统建筑中使用大量木料，如门、梁架、檐板、斗拱等皆为木质

第一章 南山宗祠庙宇：中国传统建筑形制的一个注脚

因此，从这个角度来说，即使中国古代有足够的石材和劳动力，古人也不会考虑去建造费时又费力的石结构建筑，哪怕它能够传之久远。在中西方选择不同建筑形式的背后，更深层次的原因可能与中西方不同的历史文化观念有关。西方在历史上经历过神权至上的时代，而中国则是人本观念的社会。神是永恒的而人的生命则是短暂的，所以中国古人不求原物长存。可见，不同的历史文化观念，自然就会产生不同的生活态度和生活方式。

传统木构架建筑，以抬梁式的构架最为普遍。所谓抬梁式，就是沿着房屋的进深方向在石础上立柱，柱上架梁，梁上再重叠数层梁柱，这样构成一组木构架。由两组木构架所构成的空间，称作"间"。常见的民居建筑，面阔大多两到三间，并沿着面阔方向呈长方形布局。

在深圳市南山区现存完好的29座宗祠庙宇建筑中，其中轴线上的主体建筑绝大部分是抬梁式的梁架结构。值得一提的是，后海天后宫与涌下天后古庙，都没有使用梁架结构，而是用砖墙直接承重搁檩，这样做显然能节省一大笔费用。而赤湾天后古庙的主殿不仅使用了梁架结构，还使用了大量的斗拱装饰，从中可以看出，后海天后宫与涌下天后古庙的规格等级和社会影响力，都难以同赤湾天后古庙相提并论。

广旸方公祠鼓台上的木梁架

中国传统木架建筑以抬梁式的构架最为普遍

赤湾天后古庙的斗拱

发现：南山宗祠庙宇

飞檐翘角的屋面

讲到中国传统建筑，有一个饶有兴味的问题，一直为近现代众多中外建筑史学家所关注。那就是：全世界其他建筑体系的屋面几乎都是凸起鼓顶或平直坡面，唯独中国传统建筑的屋面是屋檐微翘、屋面向内凹曲的，并形成飞檐翘角的独特形制。在中国历史上，这种凹曲屋面，从流行到成为重要建筑物的标准样式，大概是从南北朝晚期甚至是隋朝统一之后才开始的。屋角起翘的做法，可能早在东汉时期就已经出现了。为什么我们的先人会最终选择这样一种屋面样式呢？过去，西方学者提出了很多种猜测：有人认为是模仿西北游牧民族的帐篷或草棚，甚至有人说是模仿喜马拉雅山杉树下垂的树枝形状，可谓众说纷纭。日本建筑史专家伊东忠太认为，中国人觉得直线不如曲线美，所以才选用凹曲屋面。这种说法，也同样不能让人信服。

大冲社区郑氏宗祠。中国传统建筑的屋面是屋檐微翘、屋面向内凹曲，形成飞檐翘角的独特形制

赤湾天后古庙。越出墙体的屋檐和微翘的屋角，不只让建筑更加美观，还起到保护屋身的作用

实际上，这种屋檐和屋角向上微微翘起的做法，不仅是为了外形的美观，更重要的是符合实际生活的需要。早期的中国建筑，屋身都是夯土筑就，后来才出现了砖墙和木制门窗等形制。由于长年累月的日晒雨淋，这些土墙、砖墙以及木质门窗很容易遭到腐蚀和损坏。为了减少雨水对木柱、墙身的侵蚀，更好地保护屋身，降低屋身各部件的损坏速度，延长其使用寿命，古代的工匠们想出了一个绝妙的办法，那就是加大屋顶的出檐面积，使之伸出屋身之外。于是，便出现了古人所谓"飞檐翼角"的形制，灵动活泼，极具观赏性和艺术性。同时，屋檐和屋角的起翘，也使得外面的光线能够最大限度地照进屋内，增强采光效果。不仅如此，随着屋顶出檐面积的加大，屋檐下方就需要设有支撑的部件，于是，斗拱结构便应运而生了。由此可见，中国传统建筑精妙的艺术设计，往往与建筑本身的使用功能联系紧密。

南山区现存完好的29座宗祠庙宇建筑，其飞檐翘角的屋面形制，在深圳这座现代化的城市中，显得格外引人注目。比如位于粤海街道大冲社区的大王古庙和郑氏宗祠，四周是高耸的现代化写字楼，让人一眼便能看出中国传统建筑与现代西方建筑在艺术风格上大异其趣。

赤湾天后古庙的钟楼。屋角微翘，与屋面形成一定的弧度

第一章 南山宗祠庙宇：中国传统建筑形制的一个注脚

大冲社区大王古庙

建筑背后的故事·中西神祇合祀的大王古庙

据庙内碑记可知，大王古庙始建于明代，为五开间两进深格局。古庙规模宏大，包括山门、左右厢房、拜亭、左右廊、左右侧殿和大殿，是目前深圳市内最大的大王古庙。庙内主祭的这位"大王"，是南海之神祝融。在南海立庙祭祀海神祝融，早在隋朝就已经开始了，当时的南海神庙，就建在广州黄埔庙头村，至今香火不绝。

隋唐以后，海上贸易空前繁荣，广州更是成为这条海上丝绸之路的重要节点。当年，朝廷为此还专门在广州设立市舶司，掌管税收及贸易，大大充实了国库。所以，也难怪唐玄宗成为历史上第一个赐封南海神祝融为"广利王"的皇帝。唐代大文豪韩愈曾写过一篇《南海神广利王庙碑》，从中可以看到南海神信仰在唐代是多么流行。古人云："一人得道，鸡犬升天。"到了宋代，朝廷不仅加封南海神为"洪圣广利王"，南海神的夫人、儿子和四个下属也同样得到了加封。朱元璋当了大明皇帝之后，将此前历代对祝融的封号全部废弃，于洪武三年（1370年），封称祝融为"南海之神"。南海神的名号，就是从此时开始。在南海神的众多封号中，流行最广的当属"洪圣王"。在珠三角及香港地区，都建有不少洪圣王庙，庙内供

009

发现：南山宗祠庙宇

奉的正是这位南海神。

　　有意思的是，在主祀之神"护乡感应大王"南海神祝融神像右侧，有一尊神像，名为"显应达奚司空"。这位达奚司空，身着中国官服，正襟危坐，双目圆睁，面黑如漆，再加上那一圈胡须，显然不是中国人的面孔。

　　原来，"达奚"本为北魏时期的一个姓氏。历史上，与南海有关系的复姓达奚之人，只有唐代的达奚弘通一人。达奚弘通曾任唐代大理寺司直一职，专门掌管刑狱之事。达奚弘通在职期间，曾出使海外，考察了中国南海之南三十六个国家的风土人情。归国后，达奚弘通写了一本名为《海南诸蕃行记》的著作，记述了他在海外的所见所闻。后人便以他为原型，幻化出海上保护神达奚司空这一形象。自宋至明，达奚司空的形象，也从最初的半起半坐之形，一变而为明代戏曲大家汤显祖所说"面手黑如漆""左手翳西日"，举手遥望的"番鬼望波罗"的形象。

　　过去，广东人称外国人为"番鬼"。相传，唐朝时，古波罗国有一位使者来华朝贡，返程时路过广州南海神庙，将随身带来的波罗树种子种在庙内。这位使者因贪恋庙中美景而误了船，遂站立江边，左手覆于额前作望海状，希望远走的船只能够回来接他回国。只可惜没能如愿，最终立化在海边。他被认为是海上丝绸之路的友好使者，所以后人为其塑像并立于神庙之内。因为他来自波罗国，又种了两棵波罗树，故广州人俗称其塑像为"番鬼望波罗"。南海神庙也因此又有"波罗庙"一名，每年都会举行隆重的波罗诞祭典。不过深圳大冲社区大王古庙里的达奚司空，双手平放于腿上，并没有作举手遥望之态。

第一章 南山宗祠庙宇：中国传统建筑形制的一个注脚

大冲社区大王古庙主祀护乡感应大王即南海神祝融，从祀达奚司空（左）和感应大王夫人（右）

发现：南山宗祠庙宇

左右对称的院落式布局

中国建筑从古至今有一个一脉相承的传统，那就是：沿中轴线呈左右对称的院落式布局。

早在20世纪初，王国维就已经在《明堂庙寝通考》一文中指出："室者，宫室之始也。后世弥文，而扩其外而为堂，扩其旁而为房，或更扩堂之左右而为厢、为夹、为个。"从最初单独的居室，逐步扩建发展到后来的堂、房、厢房（或称夹室、个）等建筑群合而为一的建筑样式，成为中国传统建筑数千年来一脉相承的传统。梁思成先生在其《中国建筑史》一书中就明确指出："我国寺庙建筑，无论在平面上、布置上或殿屋之结构上，与宫殿住宅等素无显异之区别。盖均以一正两厢、前朝后寝、缀以廊屋为其基本之配置方式也，其设计以前后中轴线为主干，而对左右交轴线，则往往忽略。交轴线之于中轴线，无自身之观点立场，完全处于附属地位，为中国建筑特征之一。"中国建筑的这一特色，梁思成先生后来在《中国建筑史》一书中称之为"院落之组织"。无独有偶，20世纪30年代，日本建筑史专家伊东忠太在其《中国建筑史》一书中从七个方面总结了中国建筑的特征，第一条他称之为"宫室本位"。他说："考证各国建筑发生、发展的顺序，无论在哪个国家，都是宗教建筑先发达然后影响整个建筑界。……然而在中国，首先重视的对

第一章 南山宗祠庙宇：中国传统建筑形制的一个注脚

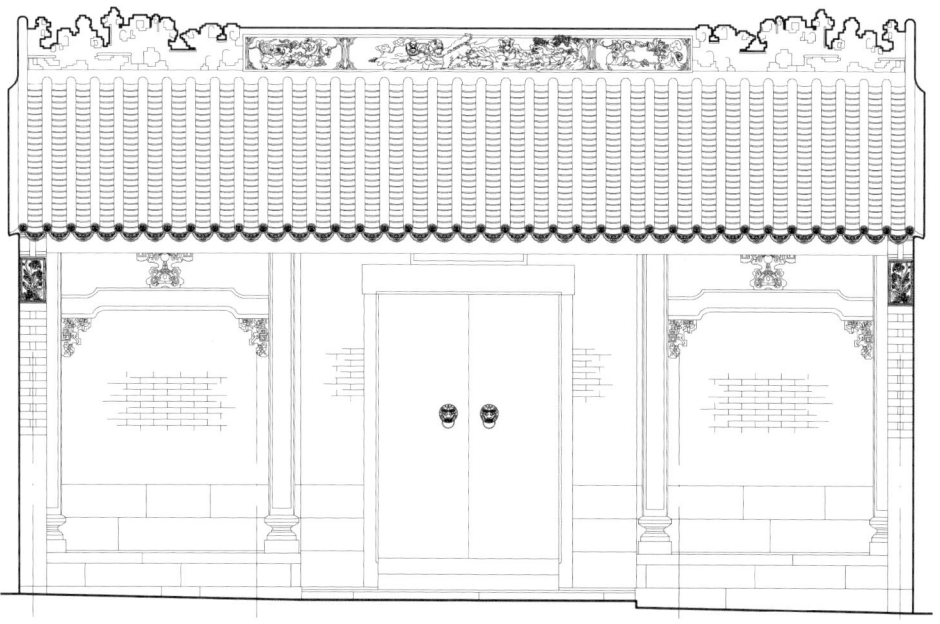

报德祠立面图。中国传统建筑数千年来一直保持着沿中轴线呈左右对称的院落式布局

象是宫室住宅建筑，宗教建筑方面几乎未见经营。……在中国，无论是佛寺还是道观，都与普通宫室样式没有多少不同""欧美建筑家批评中国建筑千篇一律，自古至今毫无发展就是出于此因，却也不无道理"。伊东忠太还进一步指出，包括宫殿、佛寺、道观、文庙、武庙、陵墓、官衙、住宅等在内的所有中国建筑，在平面形式上都遵循一个共同的原则，即左右对称。伊东忠太所谓"宫室本位"，指的就是中国的住宅样式。中国传统住宅"讲究的不是一宇一室的大小，而是追求宫殿、楼阁、门廊、亭榭互相连接俨然一体的大观。比起孤立的一宇一室，这种俨然一体更为庄严，更能显示帝王的威严"。"院落式"的建筑形制，对于帝王宫殿而言，固然能彰显唯我独尊的王者气度，但对于普通百姓而言，此种布局更多的则是出于日常生活的需要。尤其是宗祠庙宇一类建筑，其祭祀的仪式和参加人员的数量，对其院落式布局的形成都有很大的影响。

这种以庭院或廊院为基本单元的建筑组合形式，早在商代以前就已经运用得相当成熟了。最典型的例子，就是河南偃师县二里头夏代晚期一号宫室和二号宫室的

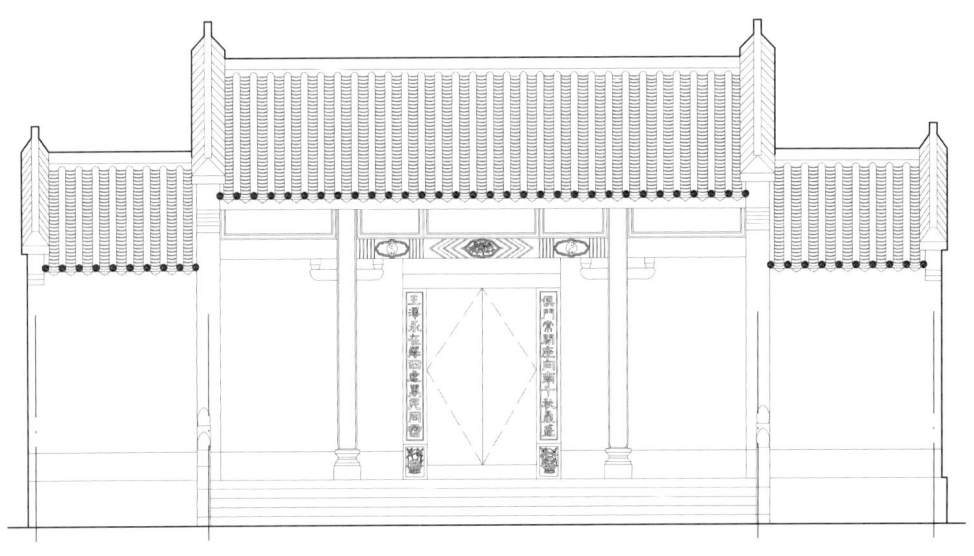

向南社区侯王古庙正门立面图

第一章 南山宗祠庙宇：中国传统建筑形制的一个注脚

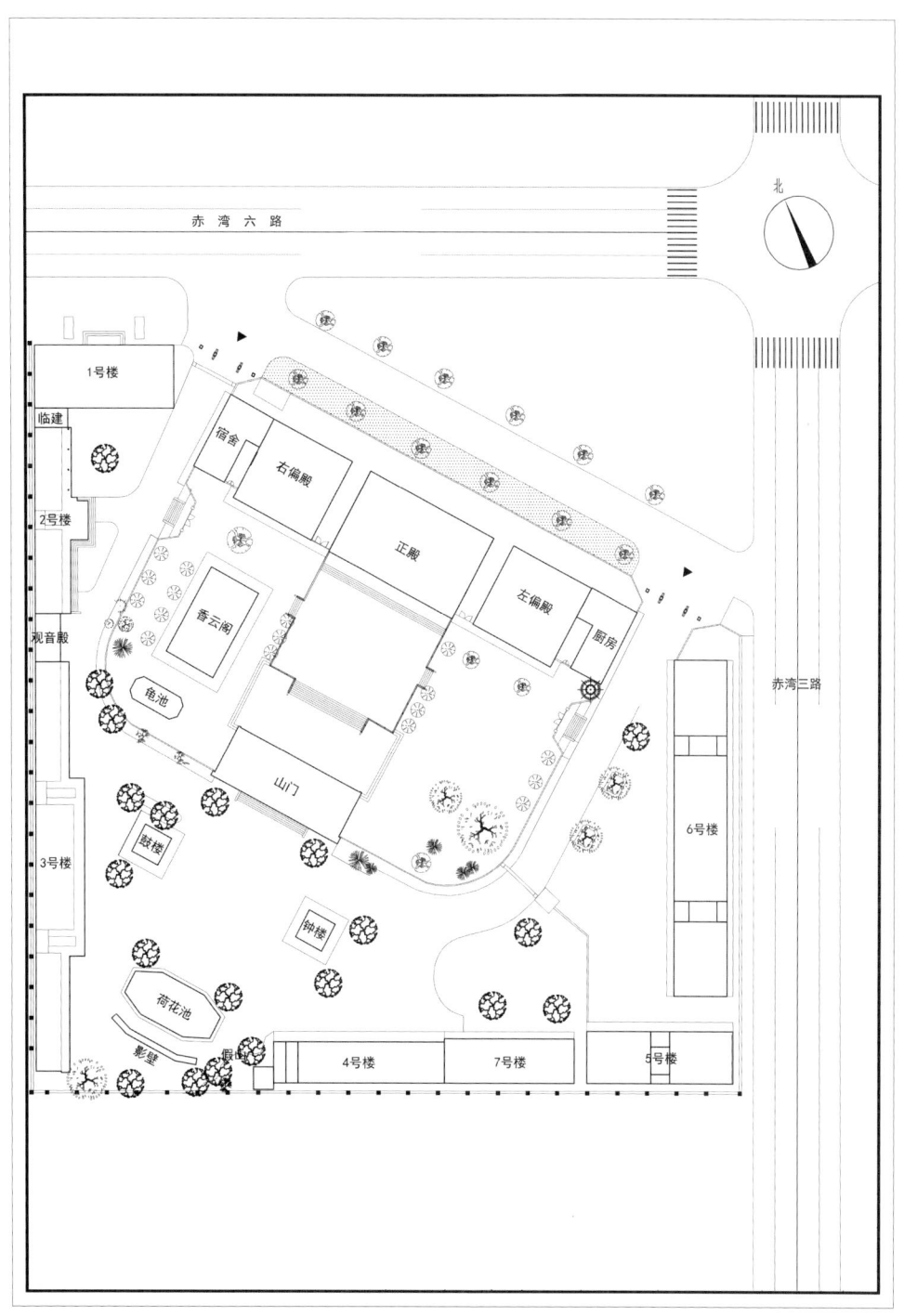

赤湾天后古庙总平面图。影壁、山门和正殿在同一中轴线上，钟楼、鼓楼和左右偏殿形成对称的院落式布局

发现。而商代晚期殷墟宫室的庭院平面，其中三面甚至四面都建有大型建筑，其形式与今天的建筑样式更为接近。由此可见，中国传统建筑的这种院落式布局，其历史是多么久远。到了商代后期，出土的宫殿遗址都是沿着中轴线呈现左右对称的布局，尤其是对于中国古代的皇家宫殿以及官式建筑而言，这一点尤为突出和重要。对于不少外国人来说，他们难以理解中国传统建筑的这一特征，在他们看来，这恰恰是中国传统建筑形制千篇一律、缺少个性的表现。事实上，中国传统建筑之所以如此，其根本原因在于，中国传统建筑区分的标准不是使用功能，而是礼制等级。而礼制等级的不同，则又主要是通过建筑物各个构件的尺寸规格和装饰风格等方面来体现。只有懂得了这一点，才能真正理解中国传统建筑。

就南山区这29座保存完好的宗祠庙宇建筑而言，其建筑布局几乎全部以中轴线为中心，主要建筑全部建在中轴线上，规格相对较小的廊房或厢房，则对称分布在中轴线左右两侧，围成大小不等的天井院，房与房之间以回廊相连接，整体平面多呈长方形。

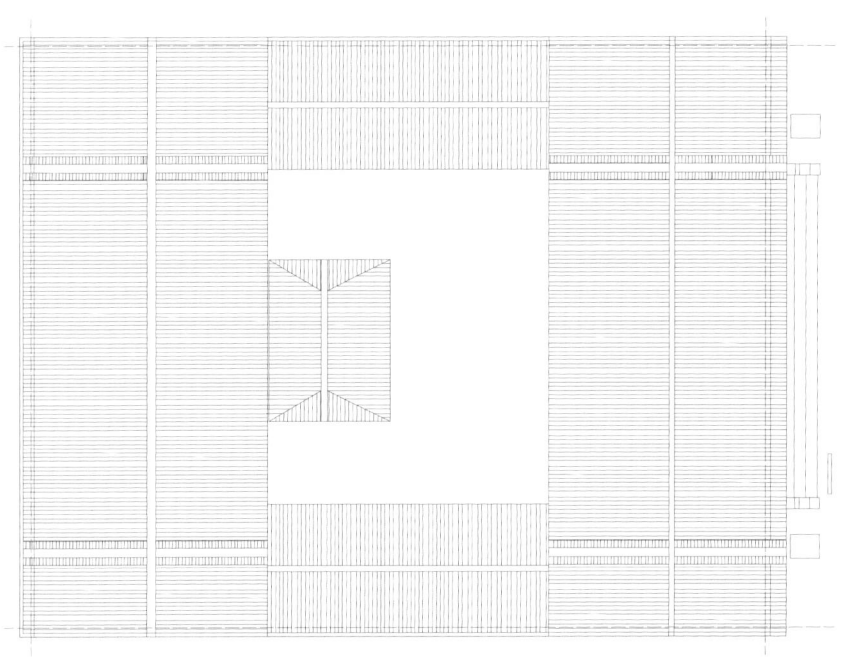

大冲社区大王古庙屋顶俯视图

第一章 南山宗祠庙宇：中国传统建筑形制的一个注脚

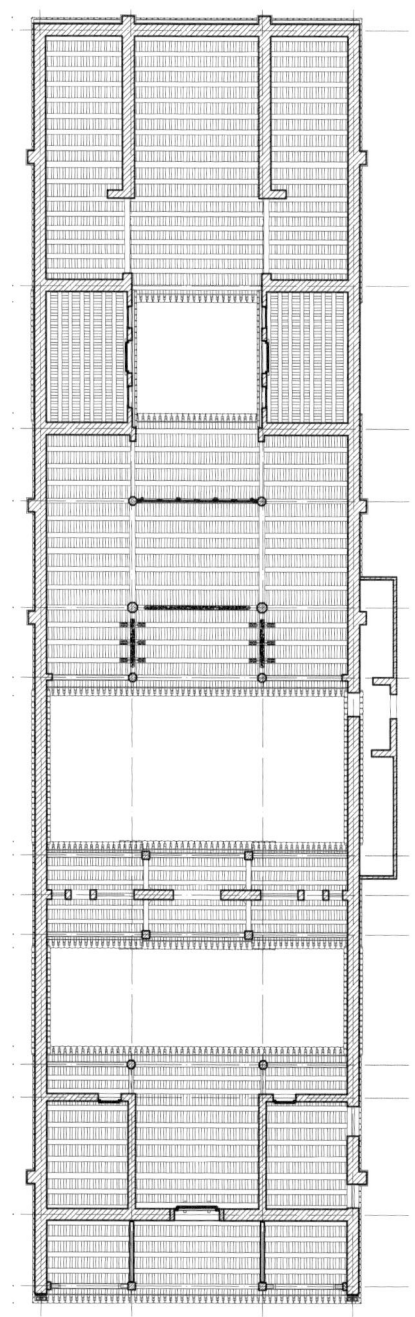

南园社区吴氏宗祠梁架俯视图。建筑布局以纵轴线为中心，两侧的房屋以回廊相连接

第二章

从宗庙到祠堂

发现：南山宗祠庙宇

民间祠堂祭祖的历史

"庶人祭于寝"

古代中国极其注重礼制，礼制最突出的表现就是等级差别。这种差别体现在政治生活的各个方面，祭祀祖先当然也不例外。

《礼记·王制》记载："天子七庙，三昭三穆，与太祖之庙而七。诸侯五庙，二昭二穆，与太祖之庙而五。大夫三庙，一昭一穆，与太祖之庙而三。士一庙，庶人祭于寝。"所谓"昭穆"就是父子，昭为父，穆为子。以天子七庙为例，太祖（即一世祖）庙居中，然后按照左昭右穆的顺序排列：昭是二世、四世、六世，穆是三世、五世、七世。也就是说，天子可以祭祀七代祖先，诸侯五代，大夫三代，士只能祭祀一代。而普通百姓即所谓"庶人"，是没有权利立庙的，他们要想祭祀自己的祖先，只能在自己家中进行。

第二章 从宗庙到祠堂

北头社区黄氏宗祠

向南社区郑氏宗祠寝堂

墓祭或上陵

秦代以后，祭祀的场所发生了变化。《后汉书·祭祀志下》记载："古不墓祭，汉诸陵皆有园寝，承秦所为也。……秦始出寝，起于墓侧，汉因而弗改。"《后汉书·明帝纪》李贤引注《汉官仪》曰："古不墓祭。秦始皇起寝于墓侧，汉因而不改。"《后汉书》的这两段文字表明，从秦始皇开始，就已经在墓地建园寝进行祭祀了，汉人称之为"墓祭"。需要说明的是，墓祭与今天的上坟还不一样。据西汉扬雄《方言》第十三（四部丛刊本），其中有"凡葬而无坟谓之墓"的说法。可见，汉代坟与墓是不一样的，坟是指高起的土堆。西汉初年，就已经有墓祭的习俗了。比如苏武从匈奴回来之后，就曾去汉武帝的墓地祭拜。所以，到了东汉明帝的时候，墓祭的习俗便被提升到国家制度的层面，这就是汉代的"上陵"制度。

汉代人在陵墓附近所建的园寝，当时称之为"祠堂"。这是历史上第一次出现"祠堂"这一名号。据《后汉书》记载，张安世去世后，汉宣帝就赏赐给张安世一块墓地，并在墓旁起了一座祠堂。霍光死后，皇帝也同样"发三河卒，穿复土，起冢祠堂"。

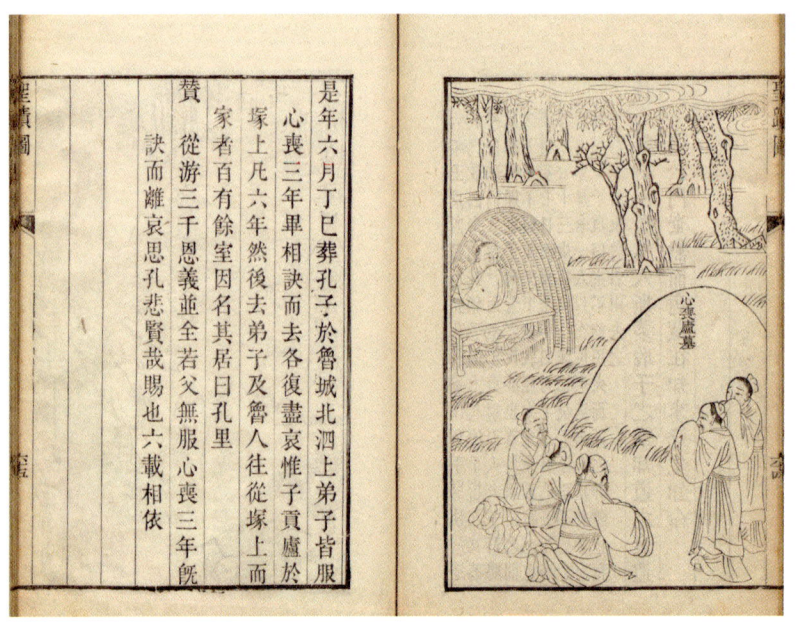

清道光年间吴门赐砚堂顾氏刊本《圣庙祀典图考》中《心丧庐墓》图，记载孔子诸弟子为其服丧墓祭

宋代民间可立影堂祭祖

魏晋以后,开创了一种新的祭祀形式,即品官家庙制度。也就是按照官阶的高低,朝廷品官可以通过建立家庙祭祖,而普通百姓则没有这个待遇。唐朝沿袭了这一制度,但在庶民祭祀的问题上,依然没有什么改变。

但是从唐代开始,民间就出现了一种名为"影堂"的祭祀场所。所谓"影"就是画像。影堂,顾名思义,就是将祖先的画像悬挂在堂内祭拜。最初,这种影堂多是用来纪念那些已经圆寂的高僧大德的。后来,这一习俗才逐渐影响到世俗社会,不少达官显贵也开始修建影堂,但主要用来纪念社会上的名流或自己的恩人,祭祀祖先的比较少。由于修建影堂没有社会身份的限制,所以到了宋代,影堂便逐渐成为民间祭祖的一个场所。但是,当时有能力建造影堂的家庭毕竟有限,主要还是那些有钱人家和品阶较低的士大夫阶层。一般家庭,大多还是在自家正厅内祭祖。

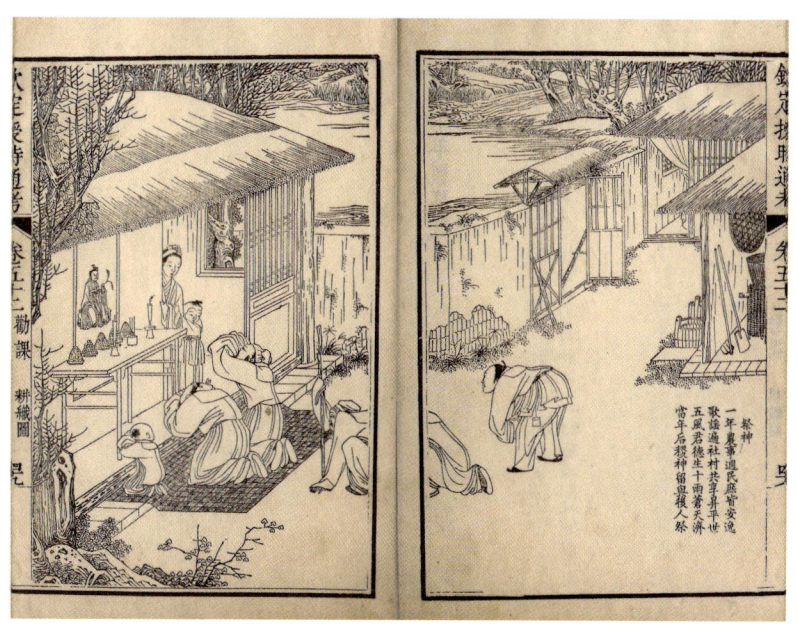

清乾隆年间武英殿刊本《钦定授时通卷》卷五十二中的祭神图,图中的祭祀场所称为"影堂"

发现：南山宗祠庙宇

明嘉靖以后民间掀起兴建祠堂的热潮

早在《礼记·祭法》篇中就已经明文规定："王立七庙……曰考庙，曰王考庙，曰皇考庙，曰显考庙，曰祖考庙，皆月祭之。……庶士庶人无庙，死曰鬼。"这里说得很清楚，只有"王"才有资格立七庙，才有权利祭祀"祖考"（即始祖）。一般的平民百姓，因为地位低贱，所以不能立庙。这一传统，持续了一千多年，直到宋代才有人提出异议。

我们知道，宋代理学兴盛，不少理学家鉴于当时民间祭祖活动僭越礼制的实际情况，对传统的祭祀制度提出了一些改革意见，其中最具代表性和影响力的人物，当属程颐和朱熹这两位理学大师了。

朱熹《朱子家礼》卷五《祭礼·初祖》条说："冬至祭始祖。"并注："程子曰：此厥初生民之祖也。冬至一阳之始，故象其类而祭之。"又《先祖》条说："立春祭先祖。"并注："程子曰：初祖

第二章 从宗庙到祠堂

平山社区西溪方公祠

新围社区刘氏宗祠

以下、高祖以上之祖也。立春生物之始，故象其类而祭之。"程子就是朱熹的老师程颐。显然，朱熹在《家礼》中继承了程颐的观点，主张在冬至、立春这两天士庶可以祭祀始祖和先祖。这一主张，对明清两朝民间祭祀制度产生了深远影响。

受程颐这一主张的影响，明嘉靖十五年（1536年），礼部尚书夏言给嘉靖皇帝朱厚熜上了一道奏折，题为《请定功臣配享及臣民得祭始祖立家庙》。奏折中提到："臣民不得祭其始祖、先祖，而庙制亦未有定则。天下之为孝子慈孙者，尚有未尽申之情……臣忝礼官……伏乞播之诏书，施行天下万世，不胜幸甚。"希望嘉靖皇帝颁布诏书，施行臣民得祭始祖立家庙的制度。很快，诏令颁布天下，官员们纷纷立家庙。与此同时，民间也竞相效仿，掀起了第一波民间建祠堂的热潮，出现"宗祠遍天下"的盛况。当时，广东一地隶属广州府，乡间同样兴建了大大小小的宗祠建筑。

塘朗社区郑氏宗祠

南山社区陈氏宗祠

《朱子家礼》对明代民间祠堂形制的影响

南宋理学家朱熹所著《朱子家礼》一书,可以说是他在礼学领域影响最大、受众范围最广的著作。正如王燕均、王光照在校点的《朱子家礼》中所指出的那样:"《朱子家礼》不是那种传统意义上专用的'贵族之礼',而是通用于整个社会的、更多地考虑到社会普通家庭的'庶民之礼'。"在《朱子家礼》之前,北宋史学家司马光就已经写了一部名为《温公书仪》的著作,试图将原本属于儒家上层社会的礼仪推广至民间,使其通俗化和世俗化。然而,由于司马光对古礼的改制不够彻底,所以该书对民间的影响也十分有限。到了南宋,朱熹便在司马光著作的基础上加以删削整理,彻底改变了之前古礼那种晦涩难懂、繁杂琐碎的面目,使礼文变得更加通俗易懂、简明实用。正是由于《朱子家礼》所定礼仪既有古礼的依据又适用于现实生活,所以,该书甫一问世,便风行海内外,成为宋元以后全社会通用的治家礼仪。尤其值得一提的是,该书问世不久,便很快传到了朝鲜和日本。特别是在朝鲜,《朱子家礼》的影响已广泛渗透民间,甚至超过在中国的影响,这不得不说是一个文化的奇迹。

《朱子家礼》一书共五卷,其卷一《通礼》开篇讲的就是《祠堂》之礼。在朱熹看来,"尊祖敬宗""报本反始",乃"开业传世之本",所以才将祠堂这一篇放到通礼的开篇位置上。上古没有祠堂,只有宗庙。而古代宗庙的形制,经典中又没有

南园社区吴氏宗祠。古代祠堂制度有严格的规定，祠堂多为三开间，寝堂在正中

记载，加之普通百姓因为社会地位低下，又没有资格立庙，故可供参考的资料十分有限。所以，朱熹便用"祠堂"二字来为一般百姓祭祖的这一场所命名。而祠堂的制度，则"多用俗礼"。朱熹是福建人，他应该借鉴了不少福建民间的祭祀礼仪。

为了便于说明以及行文的方便，现将书中有关祠堂制度的部分文字引录如下：

君子将营宫室，先立祠堂于正寝之东。

祠堂之制，三间。外为中门，中门外为两阶，皆三级。东曰阼阶，西曰西阶，阶下随地广狭以屋覆之，令可容家众叙立。又为遗书衣物祭器库及神厨于其东缭。以周垣别为外门，常加扃闭。若家贫地狭则止为一间，不立厨库，而东西壁下置立两柜，西藏遗书衣物，东藏祭器亦可。正寝谓前堂也，地狭则于厅事之东亦可。凡祠堂所在之宅，宗子世守之不得分析。凡屋之制，不问何向背，但以前为南、后为北，左为东、右为西。后皆放此。

发现：南山宗祠庙宇

南山社区兰所陈公祠。祠堂寝堂内以神龛供奉先祖神位

为四龛以奉先世神主。

祠堂之内，以近北一架为四龛，每龛内置一卓，大宗及继高祖之小宗，则高祖居西，曾祖次之，祖次之，父次之；继曾祖之小宗，则不敢祭高祖，而虚其西龛一；继祖之小宗，则不敢祭曾祖，而虚其西龛二；继祢之小宗，则不敢祭祖，而虚其西龛三。若大宗世数未满，则亦虚其西龛，如小宗之制。神主皆藏于椟中，置于卓上，南向。龛外各垂小帘，帘外设香卓于堂中，置香炉、香合于其上。两阶之间又设香卓，亦如之。

这里对祠堂的选址、营造时间、开间数、东西阶、阶级数、厨库柜、神主数量、神主的摆放位置以及室内陈设的情况，都有明确的规定。尤其重要的是，朱熹特别提到经济条件较差的家庭，祠堂建一间也可以，甚至连选址都可以改在"厅事之东"。厨库也可以省去，只需在东西墙壁下各放一顶柜子，用来存储遗书衣物和祭器。由此也可以看出，《朱子家礼》在制定礼仪规范之际，是充分考虑到一般家庭的实际情况的。

第二章 从宗庙到祠堂

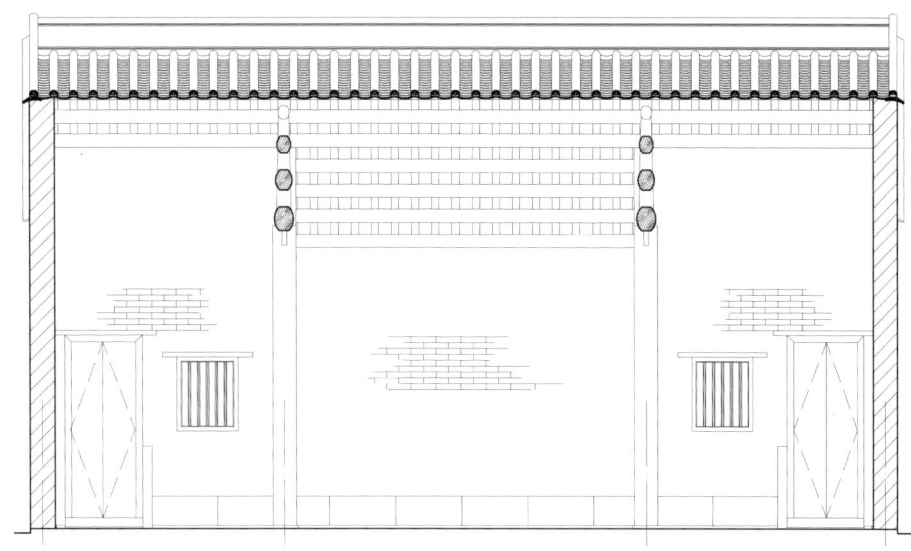

信国公文氏祠剖面图，为三开间布局

《朱子家礼》有关祠堂制度的这一系列规定，到了明代，被全部继承下来。由徐一夔奉朱元璋之命编撰、刊行于嘉靖九年（1530年）的《大明集礼》卷六《祠堂制度》条，其文字内容就全部抄自《朱子家礼》。同卷《品官家庙》条，更是直接表明："国朝品官庙制未定，于是权仿朱子祠堂之制。"后来，编撰于弘治十年（1497年），经嘉靖、万历两朝增补修订的《大明会典》卷九十五《祠堂制度》条，又将《大明集礼》的内容抄录了一遍。可见，《朱子家礼》对整个明代祠堂制度的影响是多么深远。因为是官修的大典，所以《朱子家礼》中关于"若家贫地狭则止为一间"一段文字，《大明集礼》和《大明会典》二书都没有著录。从这一点更可以看出，《朱子家礼》在民间建祠堂祭祖活动上所起到的作用是多么巨大。

祠堂内悬挂祖先画像和摆放神主的传统

尸祭

两千多年来，中国人祭祀祖先的方式不断发生改变。先秦时期，祭祀祖先的普遍方式是"尸祭"。这里的"尸"字，并非今天所说"尸体"的意思。甲骨文的"尸"字，其实就是"人"字的变体，但与甲骨文"人"字不同的是，其下肢是弯曲的，像一个人屈膝蹲踞的样子。而今天"尸体"这个意思，当时用字为"屍"，与"尸"是不同的两个字。古代经典中，常借用"尸"来代指"屍"。祭祀用的"尸"，是代替死者受祭的活人，被陈放在祭祀的地方，接受祭拜。《魏书·高允传》说："古者祭必立尸，序其昭穆，使亡者有凭，致食飨之礼。"讲的就是"尸祭"。尸祭的礼俗，直到战国末秦国初，才正式退出历史的舞台。

画像和祠版

在尸祭于战国末期秦初消亡之际,新的祭祀方式开始出现,这就是设"像"。战国时楚人宋玉所作《楚辞·招魂》篇里就写道:"像设君室,静闲安些。"南宋大儒朱熹这样解释这句话:"像,盖楚俗人死,则设其形貌于室而祠之也。"前文讲过,宋代民间祭祖的主要场所就是影堂,影堂内普遍都会悬挂祖先的画像。所以,生活在南宋的朱熹之所以这样解释《招魂》一文中的"像"字,应该与当时的这一

墩头村叶氏宗祠。民间祠堂内除了摆放先祖神位,还会悬挂祖先画像拜祭

习俗有很大的关系。因此，我们认为，朱熹所谓"设其形貌"，所指应当是画像。但也有人认为，宋玉所说的"像"，当是后人为先人所立的塑像。画像也好，塑像也罢，此时祭祀的方式显然已经有了新的变化，尸祭已不再是唯一的祭祀形式。这种悬挂祖先画像祭祖的方式，一直影响至今，可谓源远流长。比如，南头涌下郑氏宗祠、南山墩头村叶氏宗祠寝堂内，都供奉有祖先的画像。

有意思的是，从北宋的史学大家司马光到理学大家程颐，再到南宋大儒朱熹，都旗帜鲜明地反对"影祭"，也就是不主张用祖先的画像来祭祖。原因是画像一则不真实，二是与画像相比，祖先遗留下来的文章手泽，对子孙而言更有价值。他们主张一般百姓用祠版即可。祠版是一种神主的低阶替代品，早在魏晋时期就已经出现，主要供层级较低的没有资格使用神主的士大夫阶层使用。到了宋代，祠版已经成为普通百姓祭祖时常用的物件之一了。据北宋司马光《温公书仪》卷七记载，一般家用的祠版，用桑木制作即可。

南光社区凤孙吴公祠。魏晋时期已出现用祠版代替画像祭祖

第二章 从宗庙到祠堂

南园社区吴氏宗祠寝堂神龛，神龛用来摆放祖先神主牌位

神主

最晚到汉代，就已经出现了神主。《汉旧仪·补遗》中记载，汉高祖刘邦死后，用栗木制作神主，"长八寸，前方后圆，围一尺"，连尺寸形制都写得十分明确。待葬礼完成后，神主用木匣子装好，"藏庙太室中西墙壁坎中"。《后汉书·光武帝纪》的注解里也引用了这段文字，但有意思的是，引文在"藏庙太室中西墙壁坎中"一句后，还多出了十三个字："去地六尺一寸，祭则立主于坎下。"这里的"坎"字，就是今天用来放神主牌位的"龛"字。这十三个字清楚地告诉我们：平时不祭祀的时候，汉高祖刘邦的神主就放在宗庙太室西墙的壁坎里。等到祭祀的时候，就将神主请出来立于壁坎之下。后世用神主牌位祭祀祖先的方式，从中不难看到它的端倪。

第三章

建筑形制

屋顶的样式

我国古代建筑的屋顶式样非常丰富，变化多端。等级不同的建筑，其屋顶形式和装饰风格也有所不同。庑殿顶，是屋面有四坡并有正脊的屋顶，通常有重檐庑殿顶和单檐庑殿顶之分。中国古代建筑中等级最高的屋顶形式是重檐庑殿顶，只有最尊贵的建筑才可以使用这种屋顶形式。其次为重檐歇山顶、单檐庑殿顶、单檐歇山顶、悬山顶、硬山顶、卷棚顶和攒尖顶。庑殿顶和歇山顶两式，多见于大型建筑。

中国最著名的庑殿式建筑，当属北京故宫里的太和殿。庑殿式屋顶的特点是有一条正脊和四条垂脊，故又称五脊殿。同时，这种样式的屋顶前后左右四面都有斜坡，俗称四面坡，非常特别。

赤湾天后古庙正殿的重檐歇山顶，在建筑等级上仅次于重檐庑殿顶

第三章 建筑形制

歇山式屋顶从正脊到屋檐有一个垂直墙面过渡，形成九条屋脊，因此也称"九脊殿"

歇山式屋顶，宋朝时称之为"曹殿""九脊殿"或"厦两头造"，"歇山"是清代的叫法。之所以叫九脊殿，是因为该屋顶样式有一条正脊、四条垂脊和四条戗脊，共计九条屋脊，故此得名。而之所以名为歇山，是因为从正脊两端到屋檐中间出现一个垂直的断面，好像在这里"歇"了一下，故名歇山。歇山顶既有直线又有斜线，视觉效果上给人以棱角分明、结构清晰的感觉。歇山式屋顶，可以是单檐，也可以是两层、三层甚至更多层屋檐，皆统称为重檐。赤湾天后宫正殿屋顶造成重檐歇山式，在等级上仅次于帝王宫殿，这正与天后的封号相得益彰。

悬山式屋顶与硬山式屋顶不同的是，其屋顶伸出山墙，由下面伸出的檩承托，看上去仿佛"悬"在空中一样，因此得名。唐代以前，我国古代重要的建筑很少使用悬山式屋顶样式。

硬山式屋顶的最大特点是比较简单、朴素，只有前后两面坡，而且屋顶在山墙墙头处与山墙齐平，没有伸出部分。宋代所编《营造法式》一书尚未见有关硬山顶

报德祠卷棚式屋顶

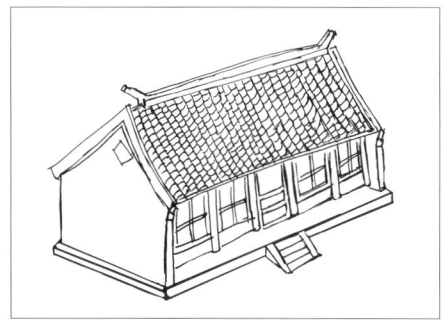
硬山式屋顶

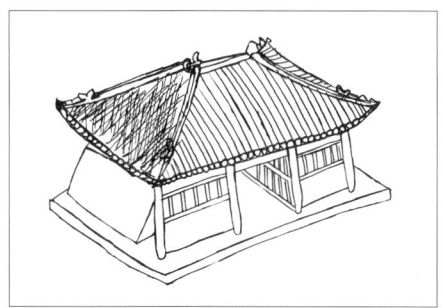
庑殿顶

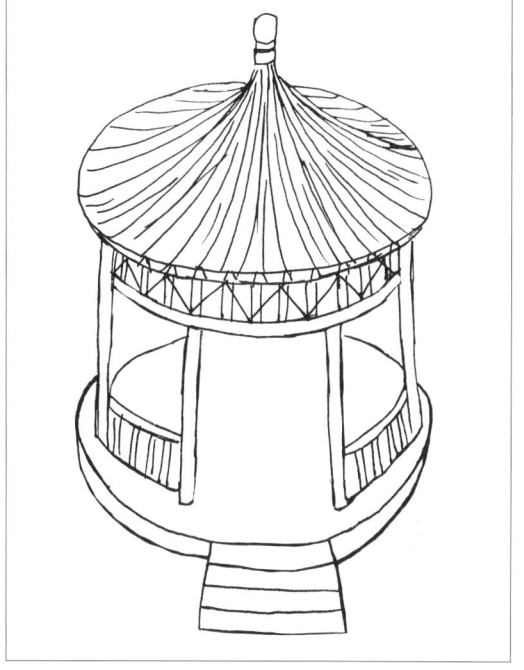
圆形攒尖式屋顶

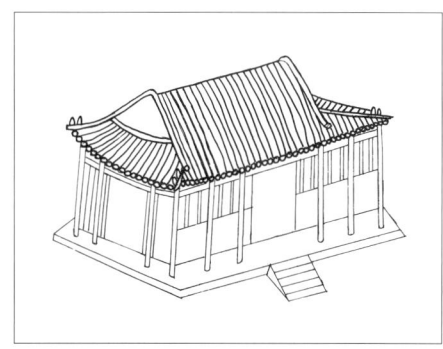
卷棚式屋顶

屋顶样式示意图（仿绘自《中国建筑图解词典》）

的记载。明清以后，硬山式屋顶被广泛地应用于我国住宅建筑中。硬山式屋顶是一种等级比较低的屋顶形式，在皇家建筑和一些大型的寺庙建筑中，几乎没有硬山式屋顶。

卷棚式屋顶，顾名思义，是指其屋顶前后两个坡面相连处不做成屋脊而做成弧形的曲面。攒尖式屋顶则没有正脊，有的有垂脊，有的连垂脊也没有，如圆形攒尖式屋顶就没有垂脊。

发现：南山宗祠庙宇

博风板与悬鱼

赤湾天后古庙正殿的重檐歇山式屋顶，可以看成是由悬山顶套扣在庑殿顶上的一种屋顶形制。由于悬山顶的檩头悬在外面，为了更好地保护檩头，令其少受雨打风吹的侵蚀，便在这些悬空在外的檩头上钉两块"人"字形的木板。这两块木板，宋代称之为"搏风板"，意谓与风雨相搏斗，后又称"博缝板"，今人多称之为博风板。博风板之下，安装有木雕悬鱼。悬鱼又名垂鱼，因为悬鱼最初为鱼形，又位于博风板的正中间，恰呈向下垂悬之状，故此得名。鱼是生活在水中的生物，所以博风板下雕饰悬鱼，有避火消灾的用意。从建筑的角度来看，博风板与悬鱼的组合运用，使得这部分结构更加牢固、耐用，将实用性与装饰性有机地结合起来。

第三章 建筑形制

朱红色"人"形木板为博风板,悬于博风板中间的木板为悬鱼

发现：南山宗祠庙宇

屋脊与脊饰

屋脊的样式

深圳市南山区祠堂屋脊的形式主要有龙船脊和博古脊两种。龙船脊又称船脊，其特点是屋脊两端高高翘起，形似龙舟，故此得名。龙船脊是珠江三角洲民间祠堂建筑中应用最为普遍的屋脊形式之一。其雕饰工艺以灰塑为主，有些还会加上彩描。灰塑又名灰批，是流行于福建、广东两地的一种屋顶装饰工艺。灰塑主要以白灰和蚝壳灰为原料制成灰膏，然后用捏塑之法造出千姿百态的雕塑作品。灰塑的题材多种多样，历史人物、祥瑞图案、戏文故事等，都可以通过灰塑工艺展现。灰塑之上，还可以涂上五彩缤纷的颜色，这就是彩描，是一种画塑结合的方法。

白芒社区张氏宗祠灰塑花鸟造型

南园社区吴氏宗祠。屋脊上彩描过的灰塑栩栩如生

南园社区吴氏宗祠屋顶博古脊上的灰塑夔龙纹

发现：南山宗祠庙宇

大冲社区郑氏宗祠的龙船脊，两端饰灰塑卷草纹

　　龙船脊的形式一般比较简朴。早期的龙船脊多在屋脊两端饰有灰塑卷草纹。像南山社区南山村西巷208号的兰所陈公祠，屋顶正脊都是龙船脊，屋脊两端皆以简单的灰塑卷草纹作装饰，风格十分朴素。后来，随着屋脊上装饰内容的不断丰富，脊身装饰开始有主次之分，以脊身中部即脊刹的装饰图案为主，两侧即脊耳的装饰图案为辅。比如新围社区的刘氏宗祠与南园社区的吴氏宗祠，屋脊两端以简单的灰塑卷草纹为饰，中段脊刹则雕有双龙戏珠图案，红绿两色搭配，艳丽无比。南光社区的凤孙吴公祠，头进院屋顶正脊为龙船脊，两端为灰塑卷草纹，脊刹则刻有龙凤呈祥的浮雕，并施以彩描。正脊之上，复雕饰双龙戏珠图，工艺精湛，装饰风格尤其富丽。有些还会在龙船脊两端起翘的下方，安装有船托。比如南光社区的凤孙吴公祠、大冲社区的郑氏宗祠、大新社区涌下村郑氏宗祠和平山社区的方氏宗祠，屋脊上都有船托出现。船托的形制多种多样，南光社区的凤孙吴公祠和平山社区的方氏宗祠的船托是用砖砌成夔龙纹的形状，而大冲社区的郑氏宗祠的船托是一对舞狮造型，大新社区涌下村郑氏宗祠头门屋脊下的船托则雕为鱼形。

　　博古脊是在平直的屋脊脊身中间雕饰灰塑图案，两端以砖砌成几何图案式的夔龙纹，因其与博古纹相似，民间便称之为博古脊。向南社区墩头村叶氏宗祠三进院落的屋顶正脊皆为博古脊，北头社区黄氏宗祠头门屋顶灰塑博古脊。向南社区郑氏宗祠、白芒社区张氏宗祠、粤桂社区桂庙新村叶氏宗祠都是博古脊，而向南社区墩头村叶氏宗祠头门脊刹浮雕八仙形象，正脊之上还雕有双龙戏珠图，与南光社区的凤孙吴公祠极为相似。

第三章 建筑形制

还有不少祠堂，前后殿屋顶正脊的造型往往为龙船脊与博古脊兼具。如南园吴氏宗祠头门为龙船脊，寝殿正脊则为博古脊。南山村陈氏宗祠头门正脊与垂脊皆为船形；而寝堂正脊则为博古脊，中部雕云龙纹。平山方氏宗祠头门、寝堂都是博古脊，祭堂则为船形脊带船托。塘朗郑氏宗祠，头门博古脊，寝堂船形脊。

吻兽

屋脊的装饰除了正脊正反两面的灰塑，正脊顶上往往会出现一些像龙或鱼的动物形象，或吞咬屋脊，或立于屋脊之上，这些称为吻兽。吻兽极富观赏性和艺术价值。

吻兽分为螭吻和鳌鱼两种。在中国传统建筑众多屋顶样式中，只有攒尖顶、卷棚顶、圆顶等少数几种样式没有正脊，其余屋顶式样都有正脊。正脊是屋顶前后坡面相交会的地方，位于建筑物的最高处；而正脊两端的位置，正是螭吻所在之处。因为正脊的两端是建筑物木构架的结合点，瓦片容易松动，会发生漏水情况。为了更好地固定正脊两端的瓦垄和榫卯构件，建筑师需要在此处加大负重，多用砖石垒

南光社区凤孙吴公祠二进和三进屋顶的博古脊饰有双龙戏珠，工艺精美，屋脊之上像龙或鱼的动物形象称为吻兽

赤湾天后古庙照壁顶脊两端吞咬屋脊的为鸱吻，也称螭吻

砌。后来，这些砖石就逐渐被雕刻成动物的形态，成为一件艺术品，称为螭吻。螭吻一般多用于大型官式建筑之上。

螭吻，最早名为鸱尾、鸱吻，明代以后才出现螭吻一说。古人认为螭就是龙子，龙生九子，第二子便叫螭吻，外形看上去像龙。据说它生性喜欢登高望远，所以被聪明的建筑师们借来放到了屋脊之上，作吞咬正脊之状。螭吻的制作材料主要有琉璃和陶土两种，琉璃螭吻多用于级别较高的宫殿建筑之上，而一般的民间建筑则多用陶制螭吻。南山现存完好的29座祠堂庙宇建筑中，只有赤湾天后古庙、后海天后宫和大冲大王古庙的正脊之上使用了琉璃螭吻。

为什么古人要在屋顶上创造出螭吻这样一种特别的建筑构件呢？首先，先民们最初建造房屋的目的，就是为了给人们提供一个遮风挡雨的场所，而位于建筑物最顶端的屋脊，恰恰是最容易漏水的地方。因此，从这个角度上来讲，人们对这个位置进行重点建造和保护，是理所当然的事情。同时，螭吻还具有固定瓦片的作用。其次，就是木结构建筑的问题。众所周知，木结构建筑的最大隐患就是火灾。建筑物发生火灾，除了人为的因素之外，历史上由于雷击而引发大火的记载可以说数不胜数。如果皇帝居住的大殿螭吻被雷击中，这在天人感应观念盛行的古代，是非常不吉利的征兆，所以古代的建筑师通过反复实践，并结合各类神话传说创造了尾部起翘的螭吻这种独特的造型。另一方面，现代科学也已经证明，传统建筑正脊螭吻尾部尖端的部分，会发生放电现象。在雷雨天气中，可与大气中所携带的电荷发生中和反应，从而起到一定程度的避雷作用。随着后世建筑材料与建筑技术的不断革新和进步，屋顶正脊两端原有构件的实用功能逐渐减弱，取而代之的是其独特的艺术性与装饰性和历史文化内涵。

在中国传统建筑中，螭吻不仅仅是建筑构件，更是等级规格的象征。早在魏晋时期，螭吻就已经成为皇家建筑上的一个标准构件。唐宋以后，对于营造不同品级的建筑都有非常明确的规定。比如唐代《营缮令》中就明确规定，"太庙及宫殿皆四阿，施鸱尾"。古代只有最高等级的宫殿才能使用庑殿式屋顶，庑殿顶因为四面有坡，故名"四阿"。又因为它有一条正脊和四条垂脊，故又称"五脊殿"。只有宫殿才有资格四面都安装鸱尾。宋代也有类似的规定，叶梦得的《石林燕语》中就有"其制设吻者为殿，无吻不为殿矣"的说法，这里的"吻"，就是鸱吻。从唐代长安宫殿遗址所出土的鸱尾来看，整体造型差别不大，但是规格尺寸迥异，这是因为这些鸱尾被放置在不同等级的建筑屋顶之上。

螭吻的礼制性特征到清代有了进一步的发展，出现了"迎吻"这一高级别的皇家礼仪活动。"迎吻"，就是当宫殿的螭吻烧制完成之后，皇帝会专门派人去迎请，并举行庄重的迎吻仪式。此时，螭吻已经完全成为皇权的一种象征。

大冲社区郑氏宗祠屋顶正脊上皆安有鳌鱼

白芒社区张氏宗祠屋顶鳌鱼。屋顶上的鳌鱼正吻是螭吻的一种变体

大新社区涌下村郑氏宗祠鳌鱼

鳌,传说是一种水中的大龟。龟,早在殷商时代就已经被看作是一种神兽。龟和鱼都是水生动物,二者结合,自然便具有了灭火消灾的象征意义。因位于正脊螭吻的位置,所以称为正吻。正吻上的鳌鱼形象,一般都是鱼尾朝上、鳌头朝下,鳌嘴大张,吞咬正脊或脊尖,倒立于正脊两端,极富艺术张力和美感。

鳌鱼正吻应该是螭吻的一种变体。唐宋时期有一种说法,认为大海中有一种名为鱼虬的物种,其尾巴很像鸱,只要它的尾巴一摆动,激起浪花,天就会下雨。因而,就出现了这种尾巴像鱼的鸱吻,希望能够借此防火消灾。还有一种观点认为,鸱吻的形象应该是受到佛教"摩羯鱼"(即鲸鱼)形象的影响。相传摩羯鱼是水神的坐骑,可以灭火,所以被借来装饰在正脊之上。这两种说法很有意思,因为它们都同时指明鸱吻与鱼的关系。南山区的宗祠建筑,如大新社区涌下村郑氏宗祠、大冲社区郑氏宗祠、南山社区陈氏宗祠、平山社区三座方氏宗祠、白芒社区张氏宗祠,其头门与寝堂等正脊之上,都是采用鳌鱼正吻的形象。值得一提的是,这些祠堂上的鳌鱼正吻,鳌嘴并没有咬住正脊，也没有放在正脊两端的位置上，而是被嵌在了正脊两端稍靠里的位置上，这是当地民间祠堂的一个特色。

仙人与走兽

屋脊上的吻兽是祠堂庙宇常见的装饰，而屋顶垂脊上的仙人走兽却只能装饰在等级较高的屋顶上。

赤湾天后古庙正殿屋顶的角脊和戗脊上都安装有仙人走兽。在清代，仙人的形制是一位仙人骑在一只昂首挺胸的鸟身之上。这位仙人的形象，历代多有变化。宋代建筑上的仙人作人首鸟身站立状，名叫频伽，乃梵语"迦陵频伽"的简称。相传频伽是一种神鸟，多出没于山谷旷野之中，因其歌声美妙，故又称妙音鸟。频伽的形象，在西夏王陵遗址中多有出土。明永乐年间所建的武当山金殿，角脊端部的频伽已变成"仙官驭凤"的形象：仙官双手捧笏，侧坐于凤背之上，作参见玄武大帝状，其象征意义也从佛教转向了道教。明后期到清代，"仙官驭凤"又变成了"仙人骑鸟"，大大淡化了其宗教色彩。

赤湾天后古庙正殿屋顶上的仙人和走兽

建筑等级不同，走兽数量也不同

第三章 建筑形制

赤湾天后古庙。同一个屋顶不同的位置，安放走兽的数量也有规定

紧随仙人身后的是一排走兽。走兽又称蹲兽、小兽、小跑，按照先后顺序分别为龙、凤、狮子、天马、海马、狻猊、押鱼、獬豸、斗牛等九个小兽。这九个小兽不仅形象不同，内涵也不一样。在《周易》中，九代表最大的阳数，过去只有帝王才有资格使用这个数字。走兽的数量历代不相同，宋代规定要用偶数的八、六、四、二，清代则要求用单数。

赤湾天后古庙戗脊上走兽的数量是两个，角脊上走兽的数量是六个，显然遵循的是宋代的规制。为什么要这么设计呢？也许有两个方面的原因：一方面是因为"天后"林默的形象最早产生于宋代，因此，祭祀她的庙宇采用宋代的规制；另一方面，在中国传统文化中，偶数代表阴，而六又是最大的阴数。天后是一位女性，而女性属阴，那么"六"自然最能体现女性"天后"的崇高地位了。

053

发现：南山宗祠庙宇

建筑背后的故事·忠义千秋关帝庙

据《三国志》记载，关羽，三国时期河东郡解县（今山西运城）人，曾因为逃命来到河北涿州，遇刘备四处招募英雄义士，二人一见如故。后来，关羽被曹操俘获，曹操不仅没有杀他，还让他做了偏将军，百般优待。然而关羽身在曹营心在汉，他深知曹操待己不薄，但他更看重的是与刘备桃园结义的兄弟情。所以，他后来单枪匹马，于千军万马之中，刀斩袁绍麾下大将颜良，为曹操解了白马之围，算是报了曹操的知遇之恩。之后，便直奔刘备而去。曹操对关羽的这一勇武忠义之举十分欣赏，因此上疏汉献帝，请求表封关羽为"汉寿亭侯"，这也是关羽生前唯一一次受封爵位。然而，不幸的是，在封侯十八年后，关羽兵败麦城，被孙权擒杀。又过了四十一年，后主刘禅始追谥关羽为"壮缪侯"。

据薛正昌的《关羽与关公文化析论》所述，隋朝时，关羽被封为忠惠公。由侯到公，总算升了一级。但从封号上可以看出，当时人看重的依旧是关羽的"忠义"品格。宋代，民族矛盾升级，战争频仍，朝野上下无不希望国家能涌现出一批忠勇之士，以挽狂澜于既倒。在此大背景之下，朝廷对关羽也倍加推崇。从宋徽宗加封关羽为"武安王"开始，宋代先后共计四次加封关羽为王。这一时期及此后建造的祭拜关羽的庙宇多被称为"关王庙"。到了明朝万历四十二年（1614年），朝廷封

南头古城外的关帝庙前殿博古脊，脊刹于博古脊之上再建龙船脊，形制独特

第三章 建筑形制

南头古城外的关帝庙为1997年重建，二进格局

关羽为"三界伏魔大帝神威远震天尊关帝圣君"，为关羽加封晋爵，由王晋升而为帝。"关帝"的称号就是从明代才出现的。

推崇关羽最直接的表现，就是关帝庙遍布天下了。据薛正昌《关羽与关公文化析论》中所考证，中国内地所建关帝庙不下数千座，仅台湾一地也有四十多座，而在美国、日本、新加坡、泰国、马来西亚、缅甸、印尼、澳大利亚等四十多个国家的华人聚集地，关帝庙的数量更是超过四万座。关公信仰之深入人心，可见一斑。关羽在中国老百姓的心目中，不仅是一位武将，也是一位财神，广东地区的商人多在家中或店面内奉祀关公，就是将他当作武财神来祭拜的。

据嘉庆《新安县志》记载，清代时深圳当地的关帝庙主要有三座：一座在县城东门外文庙右侧，建于乾隆五十一年(1786年)；一座在新安县治东北角；还有一座在南门外教场演武厅的左边。今南山区唯一的关帝庙位于南头古城外，即为原南门外教场演武厅左边的那座。"庙为明万历四十年，参将张万纪建"，距今已有四百多年的历史。张万纪，福建镇东卫人，明万历四十年（1612年）任参将一职。古代，每年春秋二季第二个月的上戊日和五月十三日这三天，官府都要到关帝庙来祭祀关帝。据说，五月十三日为关帝君降神日，在这一天，关公要带着青龙偃月刀

055

南头古城外关帝庙前厅正气凛然的关公塑像

第三章 建筑形制

南头古城外关帝庙中刘备、关羽、张飞"桃园三结义"塑像

去赴会。因此,民间又称这一天为"关公磨刀日"。这三天祭拜关帝的祭品也略有不同:春秋二季的祭品为"帛一、牛一、羊一、豕一、登一、笾十、豆十";五月十三日那一天,祭品撤去了其中的笾豆,代之以五个果盘。承祭官全部要行三跪九叩之礼。另外,祭祀关帝的同时,还要在后殿致祭关帝的三代子孙,祭品各用一帛、八笾豆,礼节上则行二跪六叩之礼。当时,连祭祀用的祝文都是由官府专门人员负责撰写的。

南头古城外的关帝庙为1997年重建,庙址就在南头古城南门牌坊右侧,庙门外建有围墙。庙宇由前后两殿组成,面阔七开间,长近30米,其建筑规模在整个南山的庙宇建筑中,仅次于赤湾天后古庙。门前放有香炉、烛台,专供四方信众焚香燃烛之用。前殿博古脊,上雕吉祥花鸟,脊刹于博古脊之上再建龙舟脊,上安宝珠,下雕双龙,形制独具特色,颜色喜庆艳丽。辘筒灰瓦面,有勾头,无滴水。门檐装饰的金漆木雕金碧辉煌,前堂门上额匾上书金色"关帝庙"三字,进门处供奉着关公神像,威严神武,上悬匾额书红色"正气"二字,神像背后向着院落的木板上塑有金色的"义"字,歌颂着关公的义薄云天。右侧的开间为倒座房,香案上供奉着诸多观音神像。

院落左边立有"桃园三结义"故事中刘备、关羽、张飞三公的彩色雕塑,右边塑有关公握刀策马的形象。阳光透过院中高树茂密的枝叶洒落下来,令人心境澄明安定。后堂是正式的朝拜之所。庙里有好几处香鼎与烛台,常年烛光熠熠,烟香袅袅,逢年过节更是香客如织。

057

发现：南山宗祠庙宇

封檐板

封檐板又名摘檐板，是安装在屋檐檐口椽木头部位置的条形板类构件。简单来讲，就是屋檐下靠屋檐边缘的横木挡板。封檐板的作用，主要用于遮挡雨水，以避免椽木被侵蚀。深圳南山的宗祠庙宇建筑中，随处都可以看到封檐板，有的是纯色的木雕挡板，有的装饰得精致繁复，雕饰风格有素雅与富丽的区别。

平山社区方氏宗祠。封檐板是安装在屋檐檐口椽木头部的条形板，主要用于遮挡雨水，避免椽木受损

发现：南山宗祠庙宇

壁画

壁画作为一种传统的装饰艺术，常见于广府宗祠建筑之上，多被绘制在祠堂头门外墙上方。这些壁画往往内容广泛，寓意深远，用色也十分讲究，像山水风景、人物故事、花鸟祥瑞、诗文典故等题材，应有尽有。在南山，绘制山水风景的，如新围社区刘氏宗祠头门外墙之上的《桂林山水甲天下》。绘制人物故事的，如墩头村叶氏宗祠的《竹溪六逸图》，讲的是唐代大诗人李白移居山东任城时，与鲁中名士孔巢父、韩准、裴政、

新围社区刘氏宗祠壁画《桂林山水甲天下》

向南社区墩头村叶氏宗祠壁画《竹溪六逸图》

塘朗社区郑氏宗祠壁画《大夫荣禄》

张叔明、陶沔五人隐居徂徕山之竹溪的故事；另外，报德祠里的《伯牙抚琴》，讲的是俞伯牙、钟子期高山流水遇知音的故事；新围社区刘氏宗祠里的《西厢记》，讲的是张生与崔莺莺的爱情故事。花鸟祥瑞题材的，有北头社区黄氏宗祠的《松寿图》《晚芳图》、大冲社区郑氏宗祠的《莲年有鱼》、新围社区刘氏宗祠的《松鹤延年》等。诗文典故方面，则有北头社区黄氏宗祠里用小篆书写的李白《忆东山》诗、大冲社区郑氏宗祠里唐代诗人孟浩然的《宿建德江》诗，白芒社区张氏宗祠里唐朝诗人王之涣的《登鹳雀楼》诗。

  从上面所举的例子可以看出，这些祠堂上的壁画内容，既不是记录本宗族的辉煌历史，也与祠堂这一建筑本身的性质毫无关系。实际上，广府祠堂建筑上的壁画，表现的多是祠堂主人文化认同的特殊心理。中原文化历来都被认为是中国的正统文化。而对于像珠江三角洲地区的这些宗族而言，中原往往成为其族谱中追溯家族历史的渊源所在。正是出于这种考虑，历代广府宗祠的主人们，努力从传统文化中寻找具有文化认同效力的题材内容，通过绘画这一最直观的方式，在潜移默化之中教化后代族人。

新围社区刘氏宗祠壁画，分别为《西厢记》《龙凤戏珠》《寿星来临》

旋子彩画

"雕梁画栋"这一成语,经常被用来形容中国传统建筑富丽堂皇的装饰风格,其中"画栋"指的就是彩绘工艺。彩绘在中国有着久远的历史,最初使用这一工艺,目的是防止木结构材料受潮腐坏或被虫蛀。后来,才逐渐突显出艺术性,尤其是宋代以后,彩绘已经成为宫殿建筑不可或缺的装饰艺术。到了清代,彩绘工艺发展到鼎盛时期,当时的彩绘工艺主要有三大类,分别是和玺彩画、旋子彩画和苏式彩画。和玺彩画主要使用于明末清初,是清代宫廷建筑中等级最高的彩画,也用于佛教建筑。旋子彩画在等级上仅次于和玺彩画,在明代就已经开始使用,清代大多用于官署和寺庙的主配殿和牌楼等建筑之上。旋子彩画的主要图案为旋花,因其圆形花纹形似旋涡而得名。赤湾天后古庙梁枋上的彩画,就属于旋子彩画。旋子彩画也分等级,判断依据是彩画上用金量的多少,用金量越多等级就越高。所谓用金,就是在彩画上贴金箔,不用其他颜色。苏式彩画,因源出江南水乡苏州而得名,明清时期传入北京,具有浓郁的江南文化气息。

赤湾天后古庙鼓楼画栋上的旋子彩画。旋子彩画多用于寺庙的主配殿和牌楼等建筑，既有富丽堂皇的装饰效果，又能防止木结构受潮腐坏

发现：南山宗祠庙宇

镬耳墙

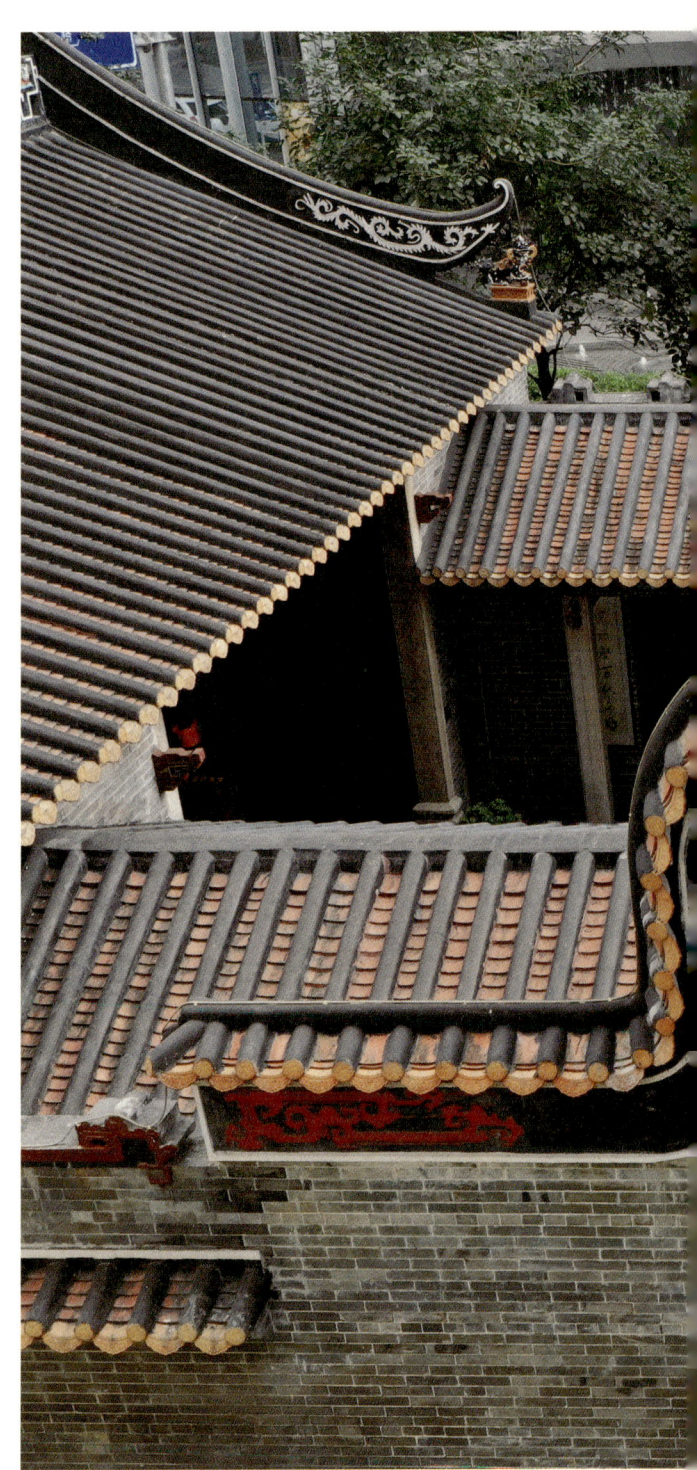

　　镬耳墙，又名锅耳墙，是岭南传统民居建筑中一种十分常见的山墙形式。这种山墙的特点是中部拱起，两侧缓收，外部轮廓很像汉字的"几"字。岭南当地的百姓，因其外形形似家中做饭所用铁锅的耳朵，所以称之为镬耳墙。镬就是古代的锅。镬耳墙的主要功能就是防火，所以墙身每每高出屋顶正脊许多，因此又被称为封火山墙。在南山的祠堂和庙宇建筑中，都偶有镬耳墙出现。

　　南园社区吴氏宗祠仪门两侧就使用了镬耳墙，墙体上部覆以绿琉璃筒瓦、剪边滴水。大冲社区郑氏宗祠的"通德流芳"仪门也同样采用了镬耳

第三章 建筑形制

大冲社区郑氏宗祠镬耳墙

067

发现：南山宗祠庙宇

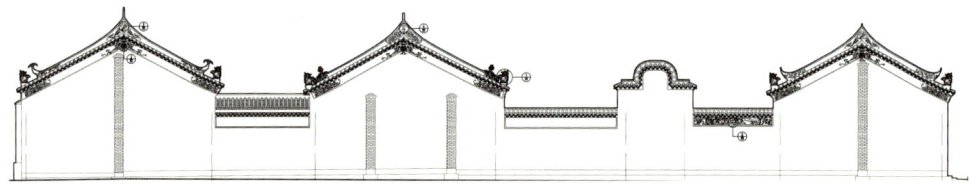

南园社区吴氏宗祠立面图。其中的镬耳墙主要功能是防火

墙的形制，只是墙上覆盖的筒瓦为黑色，底瓦为红色，而剪边滴水则为金黄色，整体色彩对比鲜明。使用镬耳墙的庙宇，如关口村的玄武古庙，尽管墙体部分脱落，但仍有一整面镬耳墙完好无损，墙上的灰塑，依旧清晰可见。与玄武古庙一街之隔的北帝古庙也使用了镬耳墙。

建筑背后的故事·北帝古庙和玄武古庙

北帝，又称玄武、真武、黑帝等，名号繁多。我国古代天文学家把天空中的可见星分为二十八组，称为二十八宿。东南西北四方分成四组，每组各有七个星宿。四个方向各用一种灵兽来命名，称之为四灵，分别是东方青龙、南方朱雀、西方白虎、北方玄武。玄武即是这四灵兽之一的龟蛇，为掌管二十八星宿中北方七宿的北方之神，又称北帝。因北方五行属水，故玄武又被信奉为水神。玄武一名的由来，有一种解释认为是玄武掌管北方，黑色是北方的象征，故名为玄；又因为龟蛇有鳞甲，故谓之武。宋代以后，玄武信仰逐渐被道教所吸收，玄武变成道教神祇之一。此后，玄武神的地位得到极大的提升，玄武信仰逐渐盛行。到了明代，北帝再次受到官方的认可和册封，信仰北帝的民众也很快发展到全国各地。

北帝本为北方的神灵，可有趣的是，在明清两朝，北帝信仰却成为岭南地区颇为普遍的民间信仰之一，像佛山和英德的祖庙、陆丰的玄武山、广州的仁威庙、顺德的真武庙、香港长洲岛的北帝庙等都是明证。为何一个来自北方的神灵，能够得到南方尤其是珠江三角洲地区百姓的青睐呢？这也许和岭南独特的地理环境有很大关系。岭南地接南海，境内河流纵横，水域密布，是地地道道的水国。北帝乃司水之神，在本为水国的岭南供奉一位水神，自然再合适不过了。

第三章 建筑形制

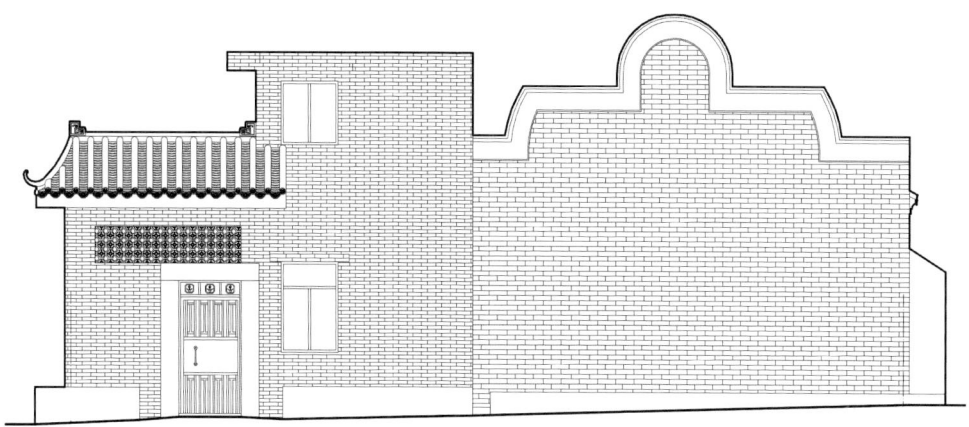

北帝古庙镬耳墙立面图

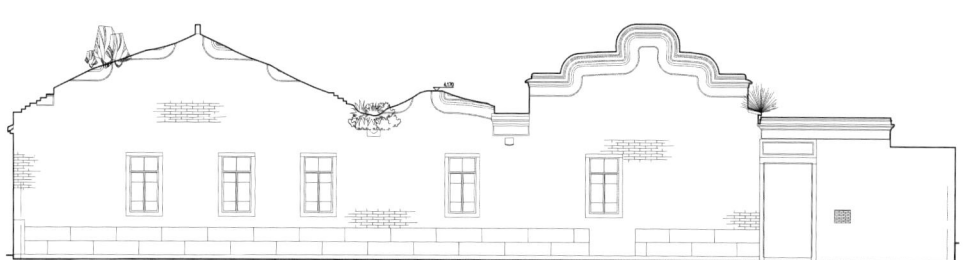

玄武古庙镬耳墙立面图

明清时期，北帝信仰成为岭南地区颇为普遍的民间信仰之一，很多地方建有北帝古庙

第三章 建筑形制

镬耳墙有不同的造型，玄武古庙的镬耳墙为三段式

据南山区文物管理委员会办公室工作人员介绍，关口村玄武古庙内嵌有两块石碑，分别为清乾隆五十七年（1792年）的《重修玄武坊古庙碑》和清咸丰二年（1852年）的《玄武坊重修三圣宫古庙碑记》。庙内本仅奉祀玄武，后增祀文帝、天后圣母，故又称"三圣宫"。玄武古庙始建于宋代，可见，祭拜玄武的历史非常悠久。据清嘉庆《新安县志》卷七《建置略》记载，在今天的东门附近，也有一座北帝庙，乾隆年间重修，嘉庆年间增建了拱篷。可见，清代时深圳北帝庙的香火还很旺盛。

前面所提到的郑氏宗祠、吴氏宗祠、北帝古庙和玄武古庙这几座祠庙的镬耳墙，整体轮廓都呈圆弧状，外形上大同小异。造型比较特别的镬耳墙，则见于南山街道学府社区的华光古庙，其镬耳墙轮廓棱角分明，只有顶端中部呈内凹的弧形，两端形成两个尖角。这种镬耳墙的整体造型看上去很像古代的官帽，与潮汕地区所谓"五行墙"（即金、木、水、火、土五种样式的封火山墙）中的木式山墙有些相似。

建筑背后的故事·华光古庙祀火神

华光古庙里供奉的是华光大帝。华光大帝,又名灵官马元帅、三眼灵光、华光天王等。明代书商余象斗有一部小说,名为《五显灵官大帝华光天王传》(又名《南游记》),写的就是这位华光天王三次投胎救母的故事。

传说华光本是如来佛祖法堂前的一盏油灯,因为长年累月听如来讲经,变成人身,名为妙吉祥。后来,因为犯了错,华光被如来罚去投胎。投胎之前,如来赐他五大神通和一只可观三界的天眼。所以,华光第一次投胎到马耳山大王家,一出生就长了三只眼睛,母亲就给他起名叫三眼灵光。因其姓马,故民间从明朝开始便流行"马王爷三只眼"的说法。这就是华光古庙里供奉的华光神像有三只眼的原因。

华光本是油灯转世,所以一开始他就与火有着密不可分的关系。投胎成人后,华光常用的兵器也大都离不开火,像金砖火丹、火轮、五百火鸦,都是火器中极其厉害的角色。玉帝又曾封他为火部兵马大元帅。华光后来还收了一个小跟班,名字就叫火漂将。当然,他收服的小妖不止火漂将一个,大家熟知的千里眼、顺风耳,也是他的手下。南山华光古庙内的华光大帝,右手中握着一块三角形状的物件,就是他的金砖火丹。华光大帝前,塑有四尊雕像,其中两尊便是千里眼和顺风耳。

南山区华光古庙位于学府路与南新路的交会处

第三章 建筑形制

华光古庙天井院墙为镬耳墙

  正是由于华光与火的这层渊源，民间称华光为火神爷加以祭拜。广东地区的百姓对火神华光十分崇拜，广州、佛山、德庆、罗定、深圳等地都建有华光庙。过去，广东有不少传统行业如搭棚的、烧陶瓷的、冶铁的、唱戏的，都会祭拜华光，就是因为这些行业都和火有关：有的离不开火，有的则怕引火烧身。尤其是唱粤剧的戏班，更是尊奉华光为祖师爷，每逢新戏台完工、开唱新戏或戏班到外地演出，都要先祭拜这位祖师爷。传说，每年农历九月二十八日是华光大帝的诞辰，在这一天，粤剧戏班会举行隆重的"华光诞"祭典。这一习俗一直流传至今。

  南山华光古庙始建于明代，清代以来多次重修，现存建筑为1992年重修。三开间二进布局，门厅为凹肚式，两侧外墙之上皆浮雕山水风景。檐下彩绘人物故事及花草壁画，博古脊脊刹内雕云龙纹。门口墙上嵌有一块石牌，上书"本庙禁用鹅鸭及鹅鸭蛋作供品"。据传，华光曾经因溺水被一群鹅鸭相救，大帝感恩不已，从此不吃鹅鸭肉。大门两侧挂有两副楹联，一副写道："火德昭三昧，神威著五通。"

073

发现：南山宗祠庙宇

华光古庙的镬耳墙形似官帽，也称"官帽墙"

火德说的是华光乃火神，五通神威讲的是华光投胎之前，如来赐他的五大神通，即"一通天，天中自行；二通地，地赶自裂；三通风，风中无影；四通水，水中无碍；五通火，火里自在"。另一副对联则为："纵环浩气灵霄汉，淡荡琼花耀火轮。"马耳山娘娘生下华光后，为其取名为三眼灵光。后来，华光大闹玉帝办的琼花会，之后，他便自号华光大王，这是"华光"的名号第一次出现。"华光"意为灯花的火光，因为华光本为油灯转世，所以可以看作是华光作为一个火神的自我定位。华光古庙至今香火旺盛，但年轻一代知道华光大帝的恐怕已经不多了。

华光大帝又名三眼灵光、华光天王等,民间称华光为火神爷

发现：南山宗祠庙宇

大门

这里所说的大门又名头门，是祠堂建筑的主要出入口，其形制不仅会影响观者的观感，更是整个家族社会地位和经济实力的体现。

带有鼓台的敞槛式头门

鼓台指的是位于头门外两侧高起的方形台基，主要作用是在宗族举行聚会或其他重要仪式时供吹鼓手演奏之用，因此得名。鼓台上置有槛柱、梁架、虾公梁等构件，由于槛柱之间不设墙体，完全敞开，故称之为敞槛式。

鼓台，广东民间又称之为包台，学术界则名之曰塾台。关于"塾"这个名号的来历，按照东汉时期班固在《白虎通》一书中的说法，认为此处是大臣们等候君王上朝议事的地方，在等待的过程中，他们多在此熟思国家大事，故名塾台。《礼记·学记》中讲"家有塾"，这是塾台另一个重要的社会功能，即礼制教化。古代那些有学问的士大夫在致仕还乡之后，每天早晚就坐在门两侧的塾台之上，向朝夕出入的乡民们传授礼仪，以教化四方。宋代学者王应麟在《小学绀珠·制度·两塾》条中记载："门侧之堂谓之塾。古者二十五家为闾，同共一巷，巷首有门，门边有塾。里中之老、有道德者为左右师，坐于两塾。民在家之时，朝夕出入，受教于塾。"后来，家族中将用于延请老师、教育子女的地方称为私塾，原因也正在于此。今天，塾台的这一教化功能，早已不复存在，而是变成了祠堂的一个建筑构件被继承

大门外檐柱与墙体之间筑起的高台称为鼓台,图中建筑形制则为带鼓台的敞檐式头门。
上图为大冲社区郑氏宗祠,下图为白芒社区张氏宗祠

下来。然而，祠堂的教化功能并没有消失，而是通过宗族族规、家谱等另一种形式来体现。

在古代，头门可以带有两个塾台，也可以带有四个塾台。带两个塾台的称为"一门两塾"，位于头门外两侧；带四个塾台的称为"一门四塾"，头门两侧内外皆有。在广州府的明清祠堂中，头门外鼓台的应用十分常见，面宽三开间或五开间不等。在南山区现存的21座保存或修缮比较完好的祠堂建筑中，有17座宗祠的大门都是带有鼓台的敞楹式形制，而且全部是一门两鼓台、三开间的形制。（见表1）

表1

序号	街道	社区	建筑	现状
1	西丽街道	白芒社区	张氏宗祠	完好
2		新围社区	刘氏宗祠	完好
3	桃源街道	塘朗社区	郑氏宗祠	完好
4		龙光社区	郑氏宗祠	完好
5		平山社区	方氏宗祠	完好
6			广旸方公祠	完好
7			西溪方公祠	完好
8	南头街道	南头城社区	报德祠	完好
9		大新社区	郑氏宗祠	完好
10	南山街道	向南社区	叶氏宗祠	完好
11			郑氏宗祠	完好
12		南园社区	吴氏宗祠	完好
13		南山社区	陈氏宗祠	完好
14		北头社区	黄氏宗祠	完好
15		南光社区	凤孙吴公祠	完好
16	粤海街道	粤桂社区	叶氏宗祠	完好
17		大冲社区	郑氏宗祠	完好

这些宗祠大多始建于明清时期，其鼓台形制很好地保留了过去的样式。现今，这些宗祠的鼓台全部是用石头砌成的，或雕成须弥座，或砌成平面。高起的鼓台，提升了祠堂头门的高度，加上敞楹式的立面结构，从远处望去，便显得威严而壮观，与宗族祠堂庄严的气氛相契合。

第三章 建筑形制

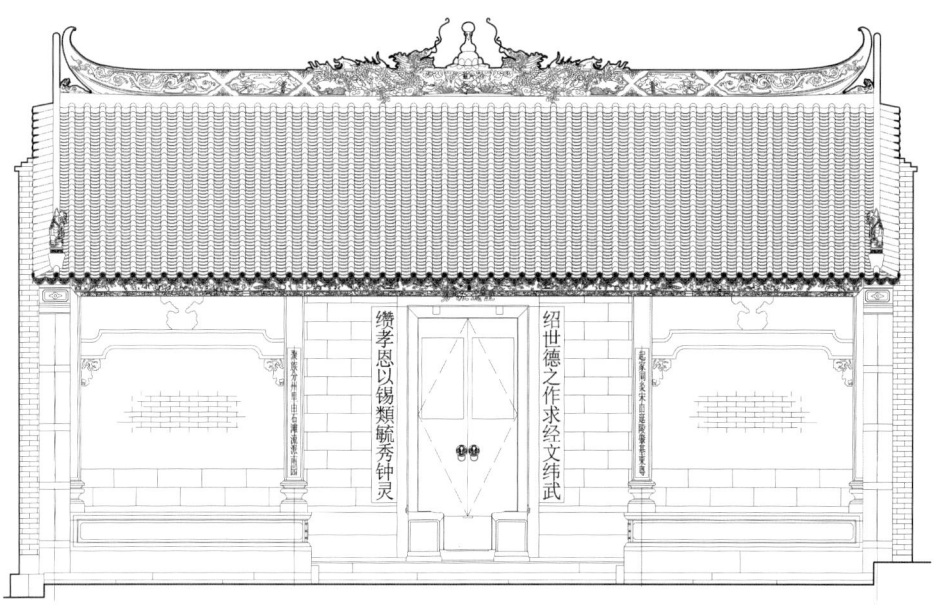

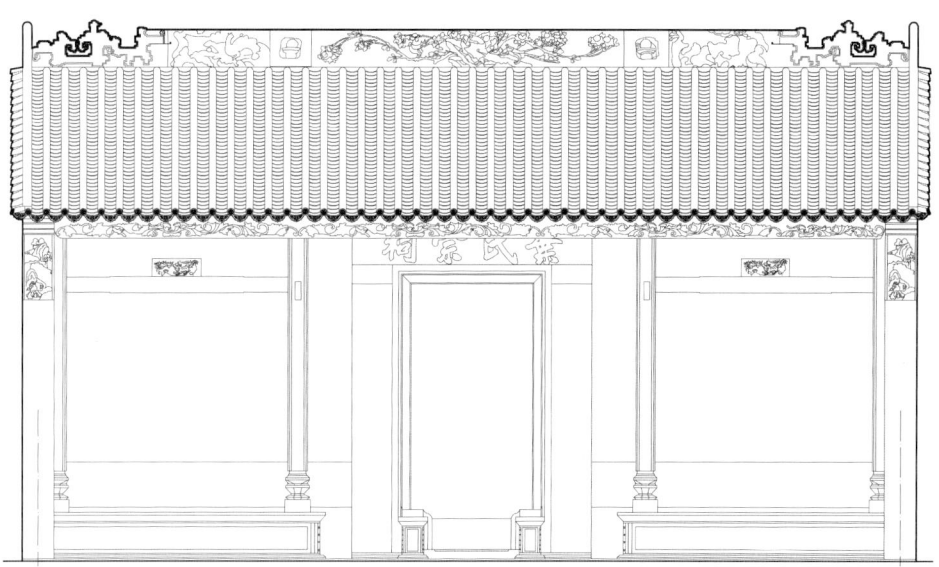

南山区现存 21 座保存完好的祠堂中，有 17 座宗祠的大门都是带鼓台的敞楹式形制。图为南园社区吴氏宗祠（上）和向南社区叶氏宗祠（下）立面图

塘朗社区郑氏宗祠大门处的鼓台

第三章 建筑形制

南头古城内的报德祠

建筑背后的故事·怀德祀贤报德祠

今南头古城中山街的报德祠,在清乾隆四十二年(1777年)和同治十年(1871年)曾有过两次重修,是一座保存完整的清乾隆以前的建筑,距今至少已有242年的历史。祠堂门额之上,阴刻有"报德"二字,古朴苍劲的隶书,与报德祠庄重肃穆的气氛相得益彰。而最引人注目的,当然是其独具特色的广府宗祠建筑形制了。

据嘉庆《新安县志》卷七《建置略·坛庙》条记载:"报德祠,在县治前聚秀街中,祀天后。凡知县、有功德于民者,其禄位牌悉祀于此。"可知在清代,报德祠与当时的县衙相距不远。祠堂本来是奉祀海神天后的,后来凡在当地做过知县以及有功于南头百姓者,其牌位都会被供奉于此。祠内的一面墙上,至今尚嵌有两块碑记,其中一块为清同治十年(1871年)仲冬所立的《重修报德祠石碑》。石碑上记载,重修后的报德祠,天后圣母居正位,其余有功于民者,其牌位分别列于"东西两室"之中。

081

发现：南山宗祠庙宇

报德祠现被辟为南头古城先贤孝廉文化展馆

第三章 建筑形制

　　说到有功于南头百姓者，不得不提王来任与周有德二人。清顺治十六年（1659年），清政府下令，将江、浙、闽、粤、鲁五省沿海边民全部内迁五十里，目的就是要切断郑成功与内陆沿海居民的联系，以打击郑氏父子领导的东南义军。此即清朝历史上影响深远的"迁海令"。这一政策，前后持续二十余年之久，沿海百姓流离失所，家破人亡者不可胜数。因此，曾经做过三年广东巡抚、任内为百姓力请革除诬盗等"六大害"、被百姓尊称为"王青天"的王来任，因罪被朝廷革职之后，于康熙七年（1668年）正月，写了一篇《展界复乡疏》，乞请清朝政府扩展广东沿海之前因迁海令而减少的边界，允许迁海州县内的百姓重返故土，以安居乐业。然而，王来任还没有来得及目睹广东百姓的复迁，便病逝于广东番禺。周有德在王来任去世后不久再次上疏康熙皇帝，说迁海的百姓听说朝廷有意展界复乡，都已经迫不及待了。如果非要等到勘明边界之后再实施这一政策，那恐怕还需要很长时间，而百姓的现实境况已经苦不堪言，实在是等不及了。所以，周有德请求朝廷先展界复乡，然后再慢慢勘界设防。朝廷最终答应了周有德的请求。康熙八年（1669年）正月，此时距离王来任上奏《展界复乡疏》已整整过去了一年的时间，清政府正式下令"展界，许民归业"，"民踊跃而归，如获再生"。老百姓为了感谢王来任和周有德，在展界复乡后的一百多年内，广东沿海各州县相继建造了二十多座祠堂，用以奉祀他们。

083

发现：南山宗祠庙宇

凹肚式头门

除了带有鼓台的敞楹式头门，南山区现存的宗祠中还有一种没有鼓台的凹肚式头门，凹肚式的头门形制，在等级上低于鼓台式头门。所谓凹肚式，即门厅中部内凹，通常头门外两侧既没有鼓台，檐下也没有楹柱，而是两堵封闭的墙面，是头门内左右厢房的后部墙体，这种为单凹肚式。另外还有一种双凹肚式头门，无鼓台，有楹柱，从两侧厢房外墙到大门有两次内凹。凹肚式头门形制，比起带有鼓台的敞楹式头门显然要简单得多，省掉了很多材料和工艺。南山宗祠中带有这种单凹肚式头门的主要有四座，分别是南头街道南头古城内的信国公文氏祠、南山街道荔林社区的春牛堂、南山街道南园社区老村内的解元祠以及桃源街道塘朗社区老村内的女祠。而位于南山街道南山社区的兰所陈公祠是南山区唯一一座带双凹肚式头门的祠堂。

信国公文氏祠的凹肚式头门。门厅中部内凹，门外两侧无鼓台和楹柱

第三章 建筑形制

解元祠的凹肚式头门

兰所陈公祠外门有檐柱无鼓台,墙体之间形成两次内凹结构,属于双凹肚式头门

发现：南山宗祠庙宇

建筑背后的故事·信国公文氏祠

"信国公"是南宋朝廷赐予著名将领文天祥的封号。文天祥，南宋理宗端平三年（1236年）五月出生。就在文天祥出生的前一年即端平二年（1235年）六月，蒙古出兵大举入侵南宋。文天祥就是在这样的历史环境下成长。二十岁参加乡试，文天祥与其二弟文璧同时考取举人。二十一岁参加殿试，文天祥进士及第，成为理宗朝的状元郎。

咸淳十年（1274年）元兵一路南下，直逼南宋都城临安。第二年，时任赣州知州的文天祥招募三万义军，赴临安勤王。景炎元年（1276年），南宋向元人乞降，赵昰在福州即皇帝位，是为宋端宗。此后，南宋君臣便开始了海上流亡的生涯，史称"行朝"。景炎二年（1277年）十一月，张世杰与端宗小皇帝转移至今广东珠江口外。不幸的是，行进途中遭遇台风，年幼的赵昰因惊吓而罹患重病。由于元兵的不断进攻，南宋行朝东躲西藏了一个多月，最终不得不于景炎三年（1278年）三月逃往今广东湛江的硇洲岛。与此同时，身为枢密使兼同都督诸路军马的文天祥，正

信国公文氏祠为纪念文天祥而建，里院墙上的"忠"字代表文天祥的忠贞不屈

086

信国公文氏祠是南头古城现存最完整且规模最大的宗祠

发现：南山宗祠庙宇

信国公文氏祠里石柱上的木构件

屯兵广东海丰丽江浦，四处寻访南宋行朝下落。然而，就在南宋行朝刚刚在硇洲岛落脚不久，年仅十一岁的端宗小皇帝赵昰猝然病亡。两天后，端宗的弟弟、时年八岁的卫王赵昺称帝，他便是宋朝最后一位皇帝——宋少帝。随后，行朝前往崖山。文天祥在得知赵昰驾崩、赵昺称帝的消息后，便上疏朝廷，要求去崖山觐见少帝，结果却为枢密副使张世杰所拒。原来，张世杰独揽朝政，拥兵自重，对德高望重的枢密使文天祥心存忌惮，因此才拒绝文天祥进入崖山。但行朝为了安慰文天祥，便加封他为少保、信国公，同时赏金三百两犒劳军士。这便是"信国公"封号的由来。

信国公文氏祠在清嘉庆十二年（1807年）八月重修，1995年再次翻修。祠堂现为三开间三进深两天井布局，面阔11.5米，进深34.5米，是南头古城现存最完整且规模最大的官祠。信国公文氏祠从门厅到天井再到中厅，其形制都很有特点。祠堂门厅的造型，与报德祠鼓台式门厅迥然不同，门厅中部向内凹进，两侧则为向外凸出的墙体，既没有鼓台，也不设楹柱，是早期祠堂的典型特征。门厅的屋顶，则特意做成类似重檐的式样。在第一个天井院两侧的外墙之上，各建有上下两层共三个小形屋顶，形制极为特别。二进大厅内，则摆放有官帽椅、茶几、桌案等家具，这在一般的宗族祠堂中极为少见。屋顶船形正脊之上，灰塑卷草纹，同时浮雕吉禽瑞兽。屋檐全部都没有安装滴水，这在南山其他祠堂中也很稀少。

奉祀文天祥的祠堂为何会建在深圳南头呢？

原来，文天祥本有兄妹七人，他在家中排行老大。南宋末年，文天祥的二弟文璧任广东惠州府知府，堂兄文天瑞随之赴任，寓居惠州。在元人铁骑兵临城下之际，文璧并没有像他的兄长文天祥那样英勇不屈，而是选择了投降元兵。文天祥的从孙文应麟（一说文应麟是文天瑞的儿子、文天祥的侄子）视此为文家的奇耻大辱，便带着两个儿子文起东、文起南逃至凤凰岩，也就是今深圳宝安区福永镇的凤凰古村。文应麟在村中凤凰岩下建造了一座望烟楼（又名望烟台），每逢荒年，他便登台远眺，看到没有生火做饭的人家，便派人送去粮食救济。文应麟因此成为深

信国公文氏祠二进大厅，中悬"乾坤正气"的牌匾

信国公文氏祠内的文天祥石像。牌匾上金光熠熠的"浩然正气"四字，正是他一生的写照

圳文氏的开基始祖,而文天祥则被寓居深圳的文氏后裔尊称为"太祖伯"。

除此之外,在深圳的松岗、岗厦等地,也居住有不少文氏后人。《宝安文氏族谱》中有"七房歌"一首,歌云:"七房毕竟数谁先?长称报美次新田,岭石潭溪递国泰,门尾涌头最后言。"由于岁久年深,加之"文革"期间文氏族谱丢失损毁严重,各方有关宝安文氏七大房的说法也多有出入。目前,比较统一的意见认为,"七房"的排行是:一房松岗报美村(今东方社区、红星社区);二房福永岭下(今凤凰村)、白石厦、新田村;三房香港新田村;四房西山、上头田、潭头村;五房深圳岗下(今福田岗厦村)、香港泰亨村;六房松岗山门、山尾村;七房东莞涌头

信国公文氏祠中厅的隔断墙上,文天祥的传世名句时刻警示着后人

村。这七房文氏族裔,繁衍至今,已逾上万之众。但是,最初为了躲避元兵的追捕,文氏后人一直过着隐姓埋名的生活。直到明朝初年,宝安文氏一族才公开身份,并开始建造文氏宗祠,祭祀先祖。信国公文氏宗祠就是在明代建成的。

建筑背后的故事·见证深圳农耕史的春牛堂

春牛堂是民间对南山天后庙的俗称。明清时期,岭南地区盛行土牛鞭春的习俗。鞭春,又称"班春""打春",这一习俗早在汉代就已经出现。所谓鞭春,简单来讲,就是一种昭示农时、祈求丰收的仪式,由地方行政长官亲自主持,老百姓可以广泛参与。因为是在每年的立春这一天举行,所以名字中有一个"春"字。从明代开始,每年立春,新安县令都会按照国家礼制的规定,身穿官服,率领县衙内一众文武官员,在县治东郊举行迎春大典。典礼之前,县令会先安排人用泥土塑造一头春牛和一位策牛人,一般是在冬天的最后一个月制作土牛。每年开春,县令都会在南山天后庙内举行开耕鞭春仪式,因此此庙又得名"春牛堂",但当地老人至今仍称之为"新庙"。

鞭春即鞭打自制的土牛。在明清两朝每年在南山天后庙前举行鞭春仪式,南山天后庙因此被称为"春牛堂"

第三章 建筑形制

春牛堂建于明代,现存保留清代建筑风格,屋顶上博古脊仍保存较为精美的装饰

　　据庙外所立石碑和《南山村志》记载,庙宇始建于明代,坐东南朝西北,为五开间三进布局,三合土砖木结构,面宽23.48米,进深42.61米,总面积约1000平方米。主殿祀天后,中堂设有天后的神主牌位,上书"护国庇民天后元君之神位"。西侧有一副楹联:"自宋迄今八百年来昭圣迹,由闽而粤三千里内著神灵。"主殿左右两侧间,各有一扇窗,左窗额书"种兰",联为:"痊身药树无烦恼,触手天花报吉祥。"右窗额书"植桂",联为:"丹桂有香皆结子,青口无蕊不宜男。"现存为清代建筑,仅剩后堂和部分山墙。

093

建筑背后的故事·解元祠里话乡贤

深圳南园吴氏传至十二世祖吴佑,便流传有所谓"吴佑一门四乡贤"的美誉。吴佑门下四乡贤分别是:吴佑的长子吴预(工部员外郎)、三子之孙吴允诜(举人)、四子之次子吴国光(解元)以及四子之孙吴允诲(举人)。吴佑一门三代四乡贤的佳话,见证了明代深圳南园吴氏家族崇文重教、诗礼传家的优良传统。吴氏四乡贤中,以吴国光声名最著。

吴国光,字观光,从小就失去双亲。明万历七年(1579年),吴国光参加乡试,考取了第一名,成为深圳历史上第一个解元。吴国光历任江西永福县教谕、广西兴安县知县等职。在兴安知县任上,吴国光一心为民,筑渠堤、修学宫,想方设法减轻百姓的劳役负担,在当地有口皆碑,也屡屡得到上级的奖掖。吴国光为人刚烈耿直,清正廉明,不畏权贵。有一次,有位朝廷大员驾临兴安县,吴国光长揖不拜,结果这位大员勃然大怒。很快,吴国光便因此事被贬往福建,任泉州府教授。不久,吴国光又升任浙江乐清县知县,在任期间,吴国光依旧敢于为民做主,不惧地方豪强势力,关心底层百姓的疾苦,廉洁自持,秉公执法。当时,闻名天下的旅游胜地雁荡山就在乐清县境内,每年各路高官、富商来此游玩观光,络绎不绝。乐清县地方官员,年年送往迎来,花费巨大。当地百姓也因此疲于奔命,叫苦不迭。吴国光对此深恶痛绝,便下决心对此不良风气进行一番改革。他精简了县衙内的役夫数量,因此触犯了某些权贵的利益,结果遭到诽谤陷害,被迫解职回乡。被罢职后的吴国光并没有因此意志消沉,他接受新安知县丘体乾的邀请,参与纂修《新安县志》。

早在明代,南园的父老乡亲就在村内建解元祠,以纪念吴国光这位乡贤。清朝时,新安县又为吴国光建了一座解元牌坊。位于南山街道南园村东街155号的解元祠在清代和民国多次重修,2013年再次修葺一新。解元祠现为清代风格,三开间两进一天井布局,条石为基,清水砖外墙,辘筒灰瓦面。祠堂大门外设有围墙,左侧开门。进入院内,映入眼帘的便是凹肚式门厅,石砌门框,不见门枕石,门前置有抱鼓石一对。檐下蓝底封檐板之上,饰金色五蝙蝠及祥瑞花鸟图案,寓意"五福临门"。屋顶为船形正脊,两端灰塑卷草纹。天井内的厢房,安有木质雕花门扇,屋檐之上以高浮雕技法图绘山水人物,装饰风格富丽明艳。

解元祠内部。吴国光是深圳历史上第一个解元,解元祠为南园村父老为其而建

建筑背后的故事·彤管生辉耀女祠

南山桃源街道塘朗村13号，有一座国内罕见的女祠。该祠堂建于清代晚期，祠内奉祀的女主人，是清乾隆年间塘朗村郑乔叔的妻子姜氏。据嘉庆《新安县志》记载，姜氏27岁那年，其夫郑乔叔不幸亡故。在明清时期，妻子为死去的丈夫守寡终身，会受到乡里和朝廷的褒奖。郑乔叔去世后，姜氏便立志为夫守节，终身不嫁二夫。地方官府听闻此事，大加赞赏，并上奏朝廷，请求为姜氏立贞节牌坊。清乾隆十四年（1749年）朝廷下旨准许旌表，最终由南头官府为姜氏立了一座牌坊，牌坊就建在塘朗村内，坊名"彤管生辉"。由此可知，当年只有牌坊，没有祠堂。

有趣的是，南山现存完好的21座祠堂建筑，无一不是以"某某祠"或"某某宗祠"的形式题额，唯独女祠是个例外。今天这座被称为"女祠"的祠堂，我们始终都没有看到"女祠"这两个字，反而在其门额之上立有一块竖匾，上刻"旨旌表"三字。此处"旨旌表"三字在文理上是讲不通的，作"奉旨旌表"似乎才算恰当。让人大感不解的是，"旨旌表"三个字是被刻在竖匾内一个十分完整的线圈之内的，上面想再多刻一个字都不可能，而且整块竖匾也不存在人为刮磨或损坏的痕迹。一座祠堂的门额之上竖着写而非横着写这么三个字，这种形制就显得十分特别。一般牌坊上才立有竖匾，今天我们所看到的女祠，其头门形制恰恰就是受到牌坊形制影响的结果。

女祠外墙墙角的灰塑卷草纹饰

女祠头门形制受牌坊的影响，门额中间竖立着一块刻有"旨旌表"的石匾

经过改建，女祠只有外观保留清代的建筑风格

牌坊最早起源于古代的"衡门"，距今至少有2600年的历史。所谓"衡门"，就是在两根立柱之上，外加一根横木，先秦时期贫穷人家的大门就是这样的。而由衡门发展而来并渐趋成熟的牌坊，其形制至少在唐代以前就已经完成。宋代以后，牌坊开始成为一种独立的建筑样式。牌坊最初的功能，是旌表褒奖那些具有嘉德懿行的人士。这一功能，早在周代的"表闾"制中就已经体现出来。著名建筑史家刘敦桢先生在《牌楼算例》一文中写道："考古代民居所聚曰里，里门曰闾。士有嘉德懿行，特旨旌表，榜于门上者，谓之'表闾'。"换句话说，就是对于那些具有模范作用的代表人物，朝廷会颁赐匾额，张

第三章 建筑形制

女祠最早为一座"彤管生辉"坊，后改建成祠堂式建筑，门额上两边的壁画紧围着竖匾，这种形制在深圳地区现存的祠堂中非常罕见

挂在村口大门之上，或镂刻于门上，以为表彰。明代以后，由于受程朱理学思想的影响，旌表性的牌坊大量出现，《新安县志》称之为"坊表"。由于旌表性牌坊与国家礼制之间有着十分紧密的联系，它注重的是礼仪教化的功能，而非个人或家族声誉的传播，故其中牵涉到多与礼制相关的、不同层次的文字性内容。之所以会出现这些不同层次的文字内容，是由牌坊自身的形制决定的。

牌坊的基本结构一般包括四个部分：底座、立柱、额枋和字板（匾额）。如果是牌楼，还会加上檐顶。牌坊上的额枋和字板（匾额）等横向构件，均穿搭在立柱之上。字板夹在上下两根额枋之间，一般题大字的叫匾额，题小字的称字板。字板的多少，取决于牌坊的大小和形制规格，少则一层，多则上下三层，最多的可达五六层。据王鲁民《牌坊小议》所载，明代的旌表牌坊，根据上面的书写内容，一般分为上中下三层。第一层表示旌表的规格和正当性，一般用一块竖立的木板书写，这块竖板古人就称之为"表"。而"（奉）旨旌表"四字，正说明该牌坊的建造规格是国家级别的，由皇帝钦定，其正当性毋庸置疑。由此可以断定，这块"（奉）旨旌表"竖匾的形制，就是在模仿牌坊最上层"表"的样式。第二层指明旌表对象的特征。女祠的前身是牌坊，其名"彤管生辉"，正说明了这一点。旌表既然是一种国家行为，那么，朝廷用以旌表的名号，一定是符合旌表对象的身份特征。何为"彤管生辉"？《诗经·邶风·静女》篇有"静女其娈，贻我彤管"的说法，汉代的经学大师郑玄注解此句说："古者，后夫人必有女史彤管之法。史不记过，其罪杀之。""彤管，笔赤管也。"也就是说，古时候，部落首领夫人的日常起居，都有专门的女史官进行记录。如果部落首领的夫人犯了过错而女史官没有记录，那是要被杀头的。而女史官用以书写的工具就是"彤管"，即一种红色笔管的毛笔。能够有资格做一位女史官，其文字素养、文化水平，绝非等闲。清廷特意选取"彤管生辉"四字以旌表姜氏，可见这位郑乔叔的妻子，也断非普普通通的家庭主妇，而是一位学识出众、文采斐然的才女。据嘉庆《新安县志》卷七《建置略·坊表》篇记载，当年朝廷共为新安县的十四位女性立了牌坊，如今只有这一座女祠还保留了当年的一些样貌，其历史文化价值可想而知。第三层主要记录旌表对象的事迹，女祠如果要体现这部分内容，应该会写在头门两侧的门联之上，但现在我们已经看不到门联的内容，故也无从知晓这位姜氏才女传奇的身世了。

"女祠"的名号，也应当是民间的俗称，实际上并不存在一座门额上刻有"女祠"二字的祠堂。这或许就是女祠不同于其他宗祠的独特之处。

第三章 建筑形制

女祠立面图，头门属单凹肚式

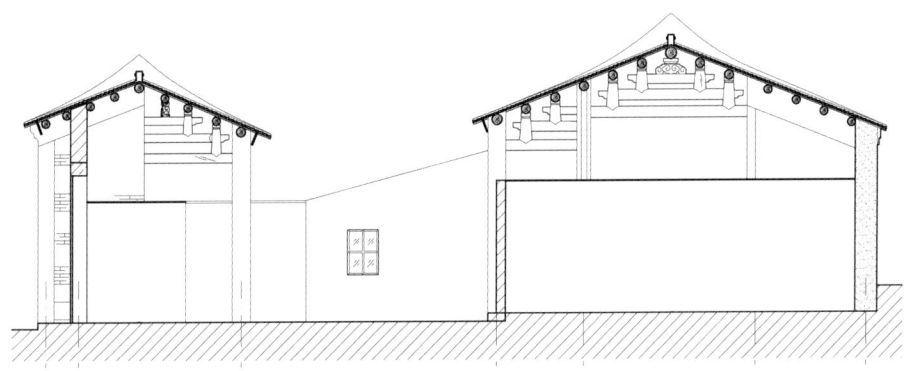

女祠剖面图，为二进一天井格局

101

发现：南山宗祠庙宇

门枕石

我们发现，有很多祠堂大门的门轴，不是直接安装在地面上，而是置于一块高约两尺的方形或长方形的石块之上，左右两侧各有一块。这两块石头，也有一个专门的名称，宋代称之为"门砧"，清代则名之曰"门枕石"。民间尚有门鼓石、抱鼓石等多种称呼。由于门枕石的主要作用就是支撑门轴和门框，因此，门枕石的一头在大门里面，一头则裸露在大门门槛之外。由于承重的需要，露在门外的那部分门枕石的体量，大约是门内那部分的两倍。门枕石的材质，常见的主要有红砂岩、咸水石和花岗岩三种。早期多使用红砂岩、咸水石。清

门枕石的作用是支撑门轴和门框，一头在大门之外，一头在大门之内

粤桂社区桂庙新村叶氏宗祠的门枕石中部束腰内收较多,整体细瘦

黄氏宗祠的门枕石是素面整石下加底座，是门枕石中样式最简单的一种

代中期以后，花岗岩门枕石得到普遍使用，最为常见。当然，还有少数经济实力雄厚的家族，甚至会使用贵重的汉白玉，以为炫耀。

门枕石的形状也有很多种，南山宗祠最常见的主要有两种：一种是整块平整素面的石头，既无分层，也不做雕饰，仅仅在整石底部加垫一块厚约四寸的薄石板，薄石板边缘略宽于上面的整石。而底部的这块薄石板，一般会做些简单的雕饰，像南光社区凤孙吴公祠、大冲社区郑氏宗祠、北头社区黄氏宗祠等就属于这一类，其上雕有简单的线条。另一种为须弥座的样式。须弥座来源于佛教，其形制上下较宽、中间逐层收窄，中部最窄的部分称为束腰，常见于明清家具和传统建筑的台基之上。新围社区刘氏

叶氏宗祠门枕石为简单的须弥座，边角刻竹节纹

宗祠、塘朗社区郑氏宗祠、白芒社区张氏宗祠、粤桂社区桂庙新村叶氏宗祠、平山社区方氏宗祠、广旸方公祠和西溪方公祠等祠堂的门枕石，都属于须弥座的形制。门枕石的雕饰也各有特色，像新围社区刘氏宗祠和塘朗社区郑氏宗祠，门枕石周围只是铲底雕简单的线脚。而白芒社区张氏宗祠，其门枕石下还垫了一方石块，其上除雕饰简单的线条外，转角处还雕成了竹节状，颇显匠心。桂庙新村叶氏宗祠的门枕石，最为另类，中部束腰处内收较多，给人以细瘦无力之感。其中，最具艺术价值的，要数平山社区方氏宗祠、广旸方公祠和西溪方公祠，其门枕石上皆浮雕有动物形象，刀法简练有力，同时寓意吉祥。广旸方公祠和西溪方公祠，门枕石转角处也刻有竹节纹，形象逼真，极富艺术性。

广旸方公祠的门枕石雕饰精美，边角雕刻竹节纹，具艺术性和观赏性

屏门与仪门

南山现有的宗祠庙宇建筑,除了信国公文氏祠、南园吴氏宗祠等少数祠堂外,绝大部分宗族祠堂和庙宇在头门正中内侧,又立有一道门,恰好挡住了正中间的去路,称"挡中"。因起到屏风的作用,又称屏门,"屏"为遮挡、屏蔽之意,屏门主要起到遮挡路人视线的作用。

屏门一般为木门,形制也各不相同,有的门心做成镂空的样式,有的则嵌装实心木板。门上一般都会雕饰有各式祥瑞图案,比如平山社区方氏宗祠雕的是寿星图、墩头村叶氏宗祠雕的是花鸟纹、桂庙新村叶氏宗祠则饰以博古花卉和亭台楼阁,各有千秋。侯王古庙内的屏门,门心为"福如云至"纹,上半部分透雕,下半部分浮雕,其内共雕有八个形态各异的人物形象。两侧门柱皆浮雕云龙纹,金龙昂首盘踞在红色门柱之上,风格华美,形象栩栩如生。

三进格局的宗祠,一般在中厅和第三进还有一道大屏门,通常为三扇门。平山社区方氏宗祠、墩头村叶氏宗祠和桂庙新村叶氏宗祠都有这样的屏门。

平山社区方氏宗祠屏门,屏门也称"挡中",起遮挡作用

桂庙新村叶氏宗祠二进屏门，镂雕描金，工艺精美

大冲社区郑氏宗祠仪门,上书"通德流芳"

第三章 建筑形制

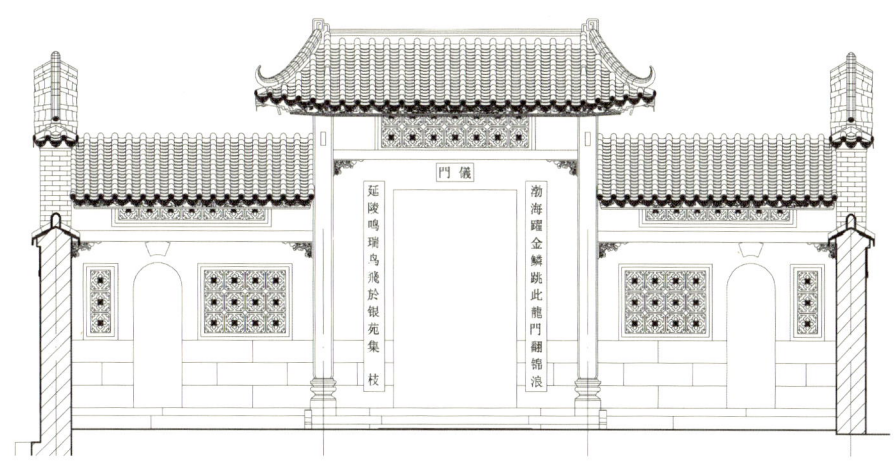

南园社区吴氏宗祠仪门立面图，其形制与牌坊相似，彰显名门望族的威仪

仪门是位于头门与祭堂中间的一道门。南山宗祠庙宇中，只有大冲社区郑氏宗祠和南园社区吴氏宗祠建有仪门。其形制与传统的牌坊相似，共设有三个门洞，中门较宽敞，两侧各开有一道小门，应当是古代官府仪门形制的遗存。这种形制的仪门，其中门之上多刻有门额和楹联。如大冲社区郑氏宗祠仪门门额之上，榜书"通德流芳"四字。两侧楹联分别为："通德为门依然子孙范，司徒继职原是祖宗规。"南园社区吴氏宗祠仪门之上，挂有一块"乡贤名宦"的匾额，其门额之上更是直书"仪门"二字，两侧也同样都刻有楹联。不仅如此，其中门之上还建有庑殿式屋顶，两侧则为卷棚式屋顶，其上全部覆以绿琉璃瓦，这些都非一般家族所能为。从门额和楹联的内容不难看出，郑、吴两家在历史上都是官宦之家、名门之后，建造这样的仪门，自是情理之中的事了。

建筑背后的故事·侯王古庙颂忠勇

侯王古庙位于向南村西街98号，与向南郑氏宗祠相距百余米。向南郑氏与塘朗、涌下、大冲郑氏本为一族，其祖上乃是从河南新郑南迁而来。过去，向南村面靠大海，村民们过着亦农亦渔的生活。每当出海捕鱼时，为了祈求平安，村民们都会求神保佑。当时，向南村附近的几座村庄如桂庙、北头、墩头等都建有侯王庙，朝夕供奉。这些从中原迁徙至向南村的郑氏族人，便入乡随俗，也建起了侯王庙，年年祭拜，禳灾祈福。

据说，侯王古庙供奉的是明末十二诸侯之一的侯王陈忠勇。相传，这位陈侯王于农历四月二十三日出生在一个普通的平民家庭。陈氏长大成人之后，一心为民，并通过不懈努力而官至大将军一职。陈忠勇因生前功勋卓著而被朝廷赐封为侯，死后又被百姓视为神灵。每年农历四月二十三日，庙内都要举办隆重的侯王诞祭典。祭典期间，舞醒狮，吃大盆菜，举行放生仪式……张灯结彩，热闹非凡。这一习俗，从明朝末年延续至今，已有三百多年的历史。正如古庙山门上的那副对联所说："侯门常开，座向南千秋鼎盛；王泽永在，荫四处万民同霑。"2009年，侯王诞祭典被深圳市政府列为市级非物质文化遗产。

侯王古庙五开间两进布局，蓝琉璃辘筒瓦面。使用蓝色琉璃瓦的建筑，在南山区只有这一座。船形正脊两端安鳌鱼吻，脊刹上装有红宝珠一枚。封檐板绘有麒麟吐玉书之象，寓意早生贵子。穿过雕花盘龙柱屏门，可见古庙正殿内侯王像居中端坐，金花夫人和太岁爷神像分居两侧，前有文武四位将领护佑。古庙内奉祀的侯王像是清代留传至今的古物。1994年，向南村民踊跃捐款，重建侯王古庙。

侯王古庙供奉的是明末十二诸侯之一的侯王陈忠勇

侯王古庙内的屏门，精雕镂刻，描金绘彩

发现：南山宗祠庙宇

影壁

影壁，又称为"照壁"或"照墙"，古称萧墙。影壁的形制，最常见的是一面独立的墙体，一般来讲，与普通的墙体没有太大的不同。根据影壁与大门的位置关系，在大门之内的为内影壁，在大门之外的为外影壁。无论内外，影壁都是面对着大门，起到屏障的作用。在古代，透过影壁就可以知道一户人家的社会地位、经济水平和文化素养。影壁除了其自身所具有的艺术审美功能之外，其高耸厚重的墙体将游人与庭院隔开，也能给人一种威慑力和神秘感，在保护隐私的同时，人们认为也能抵挡某些外界的凶险，起到辟邪的作用。如果单从建筑本身来看，影壁能够阻挡一部分气流，调节院内的局部环境，有益于人体的健康。常见的影壁，一般自上到下分为壁顶、壁身和壁座三个部分。从建筑材料上看，琉璃影壁、石影壁、砖影壁、木影壁等是比较多见的几种影壁。

赤湾天后古庙正门前的影壁。影壁又称"照壁"或"照墙",正对大门,起屏障作用

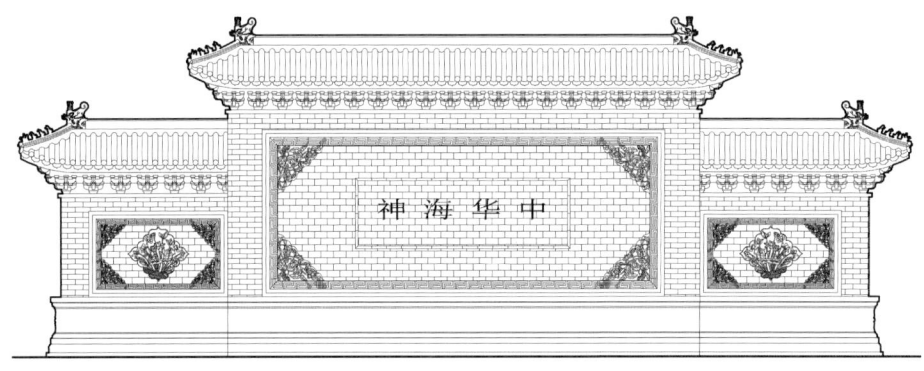

赤湾天后古庙大门外的"中华海神"影壁立面图

南山现有的这些祠堂中,建有影壁的不多。赤湾天后古庙大门外的"中华海神"影壁,距离正门有数十米,形制上为一字式影壁,因从正面平视,墙面几乎在同一条直线上,像数字"一",故得名。该影壁分三段,中部大两端小,砖心四个岔角内雕卷草纹,正中书"中华海神"四字。青琉璃瓦屋面,正脊装有鸱吻,垂脊上设仙人走兽,呼应天后宫正殿形制。南山社区陈氏宗祠大门外的影壁,同样是一字式三段的形制。顶部装饰富丽,船形正脊上设鳌鱼正吻,两端灰塑卷草纹,绿琉璃瓦剪边、滴水。南园吴氏宗祠大门外的影壁,为独立影壁,下设须弥座。上部屋顶,全部为绿琉璃瓦饰。壁心线框四角饰四蝙蝠,中部书一"福",寓意"五福临门"。

第三章 建筑形制

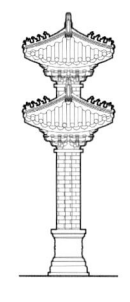 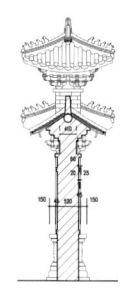 

照壁侧立面图　　　　　　照壁 A-A 剖面图　　　　　　照壁 B-B 剖面图

赤湾天后古庙影壁剖面图

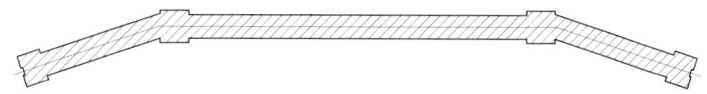

赤湾天后古庙影壁俯视图

踏道

踏道俗称台阶，是通往有一定高度台基的建筑部件，常见的有阶梯式和斜坡式两种。有的踏道两侧会各砌有一块形状规整、石面平滑的长方形石板，自台面向下随着阶梯的坡度斜铺至地面，这块石板就叫作垂带，又名垂带石，宋朝时称之为"副子"。就踏道而言，垂带可有可无。如果只是一级一级的台阶而没有垂带，这样的踏道称为"如意踏道"。

南山祠堂里的踏道，全都是阶梯式，且大部分设有垂带。比如大冲社区郑氏宗祠和新围社区刘氏宗祠寝堂前的踏道，不仅铺设了垂带，而且垂带上部还被雕成了柔润的弧线造型，让稍显呆板的阶梯式踏道增添了些许生气。向南社区郑氏宗祠寝堂前的台基则做成了如意踏道，属于最简单的样式。形制上比较特别的，像位于平山社区的方氏宗祠、广旸方公祠和西溪方公祠，其寝堂前都分别铺设了左、中、右三条踏道，而且踏道上都带有垂带。这种三阶制的踏道，等级和规格都是最高的。不仅如此，平山社区方氏宗祠的三条踏道中，中间的踏道设七级台阶，左右两侧各设五级。其垂带之上皆装有栏杆望柱，望柱柱头雕卷云纹，栏板上饰花鸟瑞兽图案，充分展现出厚重、庄严的艺术效果，更是平山社区方氏宗祠作为方姓总祠的高级别、高规格的体现。广旸方公祠中间的踏道设五级台阶，两侧各设三级台阶。而西溪方公祠的台阶数最少,三条踏道均为三级。为何会出现这种情况呢?原来,方广旸是方氏十二世祖,方西溪是方氏十三世祖,方广旸是方西溪的三叔,其祠堂台阶数量的依次递减,正好体现了家族辈分高下。

庙宇建筑中,踏道形式比较特殊的,当属侯王古庙和大王古庙了。侯王古庙踏道两端垂带之上,建有石质栏杆望柱,柱头雕花,柱身及栏板还涂有彩色。大王古庙的踏道两端,垂带非常见的平直斜坡,而是刻成波浪纹,其上安装抱鼓石,石座则雕为神兽椒图。传说椒图乃龙生九子之一,性喜闭合,通常与石狮子放在一起把守大门。有趣的是,就在大王古庙大门踏道两端附近,各放有一尊石狮子看守门户。

南山的庙宇中,踏道阶数最多的为赤湾天后古庙的阅台,设有九级台阶。殿门台阶为五级,先九后五,这显然为了彰显天后崇高的地位。

这些建筑表面上看似大同小异,然而在一些细微的区别之中,往往隐藏着中国人传承数千年而未曾改变的伦理道德观念。

平山社区方氏宗祠里设有"中阶""东阶""西阶"三条踏道

新围社区刘氏宗祠里踏道侧边上的垂带

大冲社区大王古庙踏道两端垂带上安装抱鼓石,石座则雕为神兽椒图

建筑背后的故事·赤湾天后古庙

天后信仰即妈祖信仰,是中国沿海地区传统的民间信仰之一。在北京、天津、上海、福建、广东以及港澳台等沿海地区,都建有规模不一的天后宫、妈祖阁或妈祖庙,奉祀海神天后。仅深圳南山一地,就建有数座祭祀天后的庙宇,如赤湾天后古庙、后海天后宫和涌下天后古庙。这些庙中所祭祀的天后,究竟是何方神圣呢?

天后信仰最早是从福建传播到世界各地的,历史上确有其人。天后姓林,单名一个"默"字。宋太祖建隆元年(960年),林默出生于福建莆田八十里外的湄洲岛上。据说,林默生下来一个月不哭也不闹,所以家里人就为她取名为"默",平日里大家都喊她"默娘"。林默从小就异常聪明,而且为人和善。因为水性好,能预知人祸福,她经常在海上扶危救难,助人安全渡海,人称"龙女"。宋太宗雍熙四年(987年),林默在一次海上救助中不幸去世,时年二十八岁。福建本地人都亲切地称之为"妈祖","妈祖"在闽南话里是当地人对女性祖先的尊称。宋代以后,无论是朝堂还是民间,有关妈祖海上显灵、护佑船只安全渡海的故事,屡见不鲜。此后,妈祖也渐渐成为海上保护神的化身,沿海百姓及往来船商因感其恩德遂立庙祀之。从宋代开始,历朝历代的帝王们也都对妈祖进行过褒封。宋代时封为"夫

赤湾天后古庙阅台

第三章 建筑形制

人"，元代首次封其为"天妃"，到了清朝乾隆年间，"天后"的封号才正式登上历史舞台。元代时，由于妈祖与观音曾被放在一起祭拜，所以后来民间传说林默的母亲陈氏（一说王氏），有一天梦到南海观音送她优钵花吃下，便怀上了林默。陈氏怀胎十四个月，方才分娩。优钵花即佛经中讲的优昙婆罗花，在佛教中代表着圣洁和祥瑞。近年重修后的赤湾天后古庙正殿之内，在天后左侧即供奉有观音菩萨，正是这个缘故。

南山现存于后海、涌下和赤湾的这三座天后古庙，皆始建于明代，近年来全部重修。后海天后宫为五开间二进布局，凹肚式门厅，门内设有屏门，门外建有拜亭。绿琉璃瓦面，正脊两端安装螭吻，脊刹之上雕双龙戏珠。后海天后宫门前，原本是一片荒海滩，现已全部填平并建成了居民区。涌下天后古庙为单开间三进布局，博古脊，辘筒灰瓦面，绿琉璃勾头、滴水。殿内不设梁架，直接将木檩架于山墙之上。此处当年也是一片海滩，仅一街之隔的大新村内，至今还可以看到"傍海街"的街名。

说到赤湾天后古庙，就不得不提明代的航海家郑和。郑和曾前后七次下西洋，其中第二次、第六次都是从广东出发的。明永乐五年（1407年）九月，郑和第二次

奉旨出使西洋各国，这也是他第一次从广东出发，去往占城（今越南）等地，然后驶往印度洋。两年后，郑和率领船队回国。这一次西洋之行，郑和的船队在海上遭遇到大风浪，相传是天后显灵保佑，才得以顺利返航。郑和归国之后，便上奏永乐皇帝，请求在赤湾为天后修建庙宇，以为祭奠。永乐八年（1410年），郑和的副使张源出使暹罗国（今泰国）时，奉命在赤湾建了一座新的天后宫，当时称天后庙。实际上，在张源建庙之前，赤湾已经建有天后庙了，只是规模不大。张源此次新建的天后庙，庙址就选在旧庙的东南方。这就是后来享誉海内外的赤湾天后古庙的前

赤湾天后古庙门楼建成重檐式，显示出其建筑等级之高

第三章 建筑形制

妈祖被称为海神,受到历代帝王的褒封

身,距今已有六百多年的历史。明代小说《三宝太监下西洋记》第二十二回所描述的情节,正是基于上述历史事实创作的。

此后四百多年间,赤湾天后古庙先后进行过七次较大规模的重修。明清时期,以天后古庙为中心形成的"赤湾胜概"景象,更是成为"新安八景"之第一景。据《宝安县志》记载,民国时期,赤湾天后古庙仍有大大小小的房屋一百间,房门九十九道,山门、牌楼、石桥、钟鼓楼、殿宇、廊房、碑亭等建筑一应俱全,占地面积超过九百亩,

乾隆帝御匾称妈祖"佑济昭灵"

光绪帝赐匾赞曰"与天同功"

123

发现：南山宗祠庙宇

飞檐翘角的屋顶展现赤湾天后古庙建筑的恢宏华丽

其气势之恢宏，气象之阔大，绝无仅有。历史上的赤湾天后古庙，其规模之大、规格之高、地位之隆、受众之多、影响之深，不仅为深圳之最，就是在整个中国沿海地区以至东南亚各国都享有盛名。日军侵华时期，曾多次毁坏赤湾天后古庙。到了1945年，赤湾天后古庙仅残存两间大殿。"文革"之前，固建水库，又拆用了庙中的木柱和琉璃瓦，用作建材，庙宇再次受到破坏。"文革"结束后，庙中文物几乎荡然无存。1995年，赤湾天后古庙完成修复，并正式对外开放。1997年，赤湾天后古庙内成立天后博物馆。

从古至今，伴随着赤湾天后古庙的每一次修葺，其建筑形制也一直都在发生变化。最初，将正殿扩建为三间，原来的正殿改为享堂。明朝万历年间，第一次在形制上完成了"门-堂-寝"的结构布局，而且全部为三开间。不仅如此，门楼还建成了重檐式，显示出天后古庙的礼制等级非比寻常。另外，堂左右两侧设厅，堂与寝

第三章 建筑形制

殿之间，以亭相连，四周围以院墙。几年后，又在大门外增建了牌楼、月池、石桥，还安装了十二扇窗。到了明末又增修了前殿，将原来的后殿变成寝殿，大门和中殿左右都建有官房。清顺治年间，增建了十二座厢房，并在大门内新建了一座钟楼和一座鼓楼。现在的赤湾天后古庙内也有钟鼓楼，只是位置已从门内移到了前殿门外，整座宫殿的形制与之前相比，也发生了较大变化。

屋脊的走兽装饰是建筑等级高的体现

赤湾天后古庙规模宏大，在中国沿海地区以及东南亚各国都享有盛名

发现：南山宗祠庙宇

栏杆

栏杆，原作"阑杆"，是指用木料编织起来的遮挡物，后来又发展出石、砖、琉璃等不同材料所制成的栏杆。栏杆早在周代时即有设置，这在周代留存的明器纹饰中可以看到。到了汉代，栏杆的运用已经较为普遍了，同时栏杆也出现了寻杖、华板、望柱、地栿等构件。南北朝时期，栏杆已基本具备后世所见栏杆的形制。其后，经过不断的发展丰富，到明清时期，栏杆在装饰上越发繁复多样。

栏杆是中国古建筑外檐装修的一个重要类别，在建筑的台基、走廊处和池水边都经常可以看到栏杆的身影，厅堂、居室、亭、楼、水榭等建筑都可以设置栏杆。栏杆对于讲究布景、造景的园林尤其不可缺少，可以起到隔景与连景的作用，功能似漏窗，而形象类似花墙。

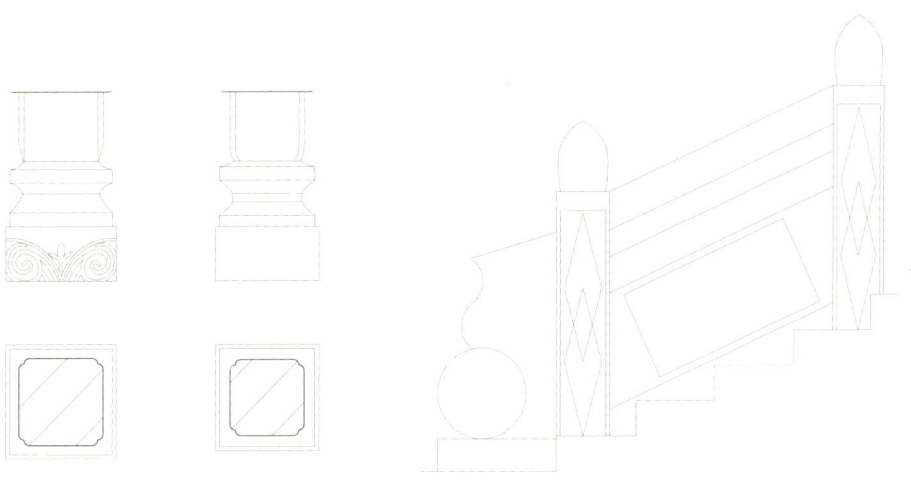

侯王古庙的栏杆立面图、剖面图

赤湾天后古庙香云阁精雕的石栏杆

发现：南山宗祠庙宇

瓦面、柱础、砖石

广东地处热带、亚热带，气候炎热、潮湿、多雨。这种特殊的地理环境，使得民居建筑呈现出鲜明的地方特色。比如，南山所有祠堂庙宇的屋面，铺设的都是筒瓦，这有利于雨季屋顶迅速排水。此外，木材在湿热多雨的气候下，最容易腐烂或被虫蚀，于是石柱础随处可见。柱础的使用，使得木柱远离潮湿的地面，延长了使用寿命。而最常见的，是直接将木柱替换为石柱，石柱上再架设石梁。为了防潮，建筑物的墙面多为清水砖墙，地

大冲社区大王古庙

粤桂社区桂庙新村叶氏宗祠的琉璃辘筒瓦面

第三章 建筑形制

石柱础有利于木柱防潮，柱础也出现了不同的装饰
左：塘朗社区郑氏宗祠的瓜瓣纹柱础
右：大新社区郑氏宗祠的素面柱础
下：新围社区刘氏宗祠的如意云纹柱础

面也多铺设麻石。从建筑的整体布局上看，建筑内部厅堂开敞，厅堂、天井和两侧的廊道纵横且有规律地排列，门窗隔扇皆可装可卸，屋内不设天花板。所有的这些布局无不利于建筑的通风。

大冲社区郑氏宗祠。辘筒瓦面有利于雨季屋顶迅速排水

发现：南山宗祠庙宇

拜亭

　　南山大王古庙天井中，建有一座气势恢宏的歇山式拜亭。拜亭又名礼亭，是专门供祭拜和摆放祭品的场所。拜亭多为四柱式，进深为一间，面阔与后殿心间等宽，且与后殿明间的前檐共用两根石柱，从而在拜亭与后殿之间形成一个封闭的屋顶。还有一种拜亭在寺庙之外，例如后海天后宫的拜亭就在大殿之外，为六柱硬山顶拜亭。拜亭这种形制，既可以避雨，又可以遮挡太阳，对于常年湿热的深圳来说，再合适不过了。

后海天后宫的拜亭在大殿之外

大冲社区大王古庙里的拜亭

拜亭由四柱支撑,与正殿相连

第四章

独特的祠联文化

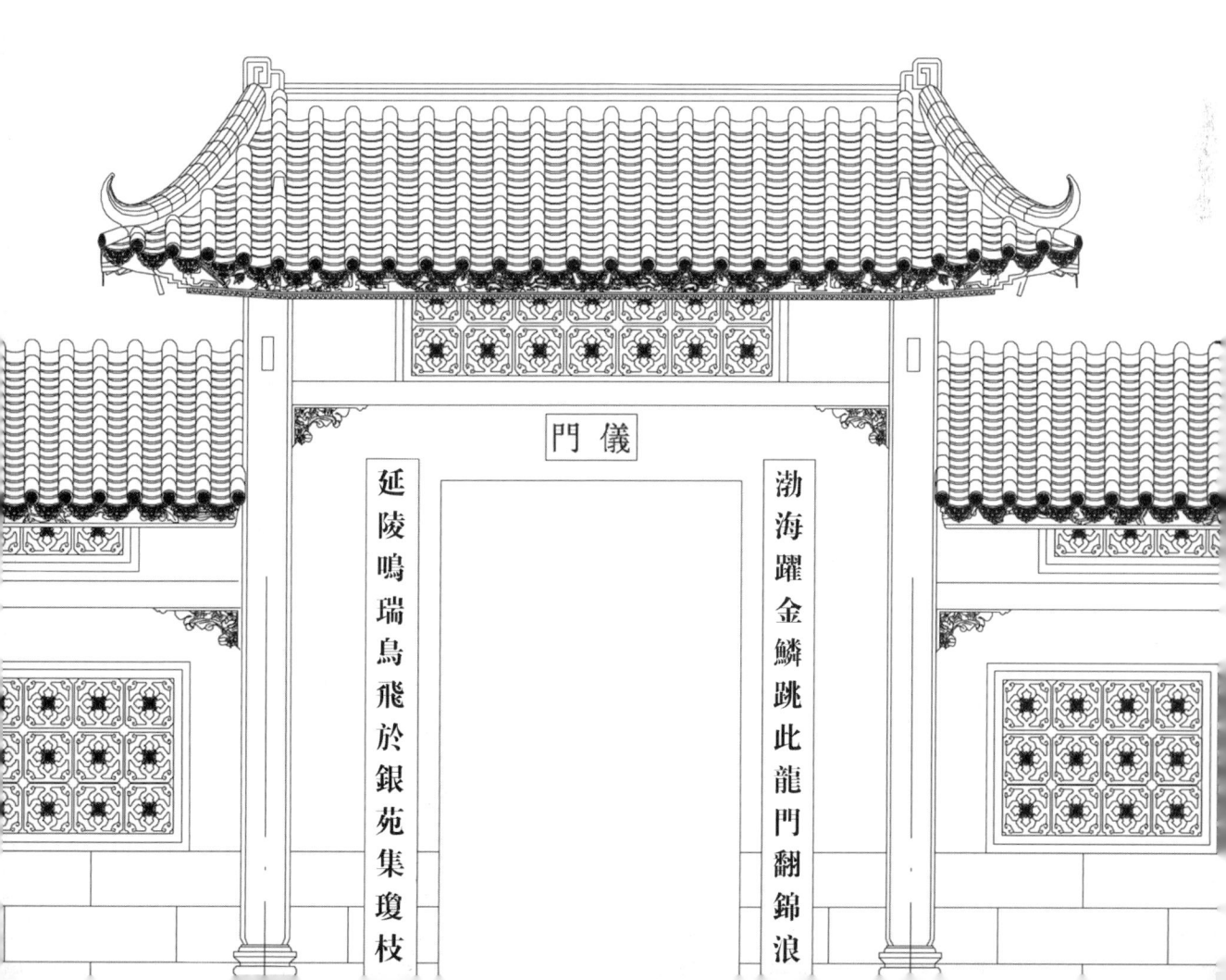

发现：南山宗祠庙宇

独特的祠联文化

祠联，顾名思义，指的是张贴在宗族祠堂中的对联，因为这些对联大多镌刻在祠堂内的楹柱之上，故又名楹联。祠联是宋元以后宗法制所特有的一种艺术形式，是典型的祠堂文化的产物。祠联根据其张贴位置的不同，主要可以分为门联、堂联、寝联、檐联、栋对、灯对以及与之相配的匾额与横批。祠联的内容，大多围绕着尊祖敬宗的宗法观念、家族姓氏的历史渊源、崇文重教的优良家风等几个方面进行创作。

郑氏：宗承一本，派衍五房

位于南头街道大新社区升平里15号的涌下郑氏宗祠，头门楹联写道：

荥阳称世泽，柏峰高祖，宦游新安，宗承一本；
通德耀家声，南莆支裔，立业开基，派衍五房。

郑氏宗祠精美的木雕

据《郑氏南莆祖五大房族谱》记载，郑氏源于姬姓，其先祖为周宣王同母弟姬友。周宣王二十二年（前806年），封姬友于郑国，史称郑桓公。后世遂以郑为姓，距今已有2800多年的历史。郑国，地处河南荥阳宛陵县西南，即今河南新郑一带。上联"荥阳称世泽"一句，说的就是郑氏一族源出河南荥阳。涌下郑氏宗祠寝堂名为"荥阳堂"，正体现了郑氏子孙不忘本宗之意。

大门鼓台楹柱间的石雕

鄭氏宗祠

祖德源流仁義禮智信

大涌潤澤詩書孝儉勤

大冲社區鄭氏宗祠正門

发现：南山宗祠庙宇

郑氏自桓公经五十七代传至郑柏峰。郑柏峰，字允中，曾任北宋朝奉大夫一职。北宋熙宁年间，郑柏峰从广东南雄来到当时的东莞（今在深圳境内）做官，遂在此安家立业，成为郑氏的开基始祖。上联"柏峰高祖，宦游新安"一句，讲的就是此事。到了三世祖郑南莆，生有五子，从长至幼依次名为：仁、义、礼、智、信。五子各为一房，这就是所谓的"派衍五房"。郑氏五房中，塘朗社区和向南社区郑氏为长房仁祖一脉，大新社区和大冲社区郑氏为三房礼祖后裔。下联"南莆支裔，立业开

龙光社区光前村郑氏宗祠的屏门

位于高楼大厦之间的大冲社区郑氏宗祠

第四章 独特的祠联文化

基，派衍五房"，即是对三世祖郑南莆的颂扬。了解了这一段历史，我们再去看大冲社区郑氏宗祠之寝堂"胜举堂"的楹联"系出荥阳，溱洧二水源一本；派自南莆，礼祖四世衍三房"便很容易理解了。当年，在郑国故城附近，溱水和洧水两条河水在此交汇，洧水由西向东，流经郑城之南，溱水由北向南，流经郑城之东。此即"溱洧二水源一本"一句之由来。礼祖即三世祖郑南莆的三儿子郑礼，按世系他是四世祖，按排行他是老三，故为三房，此即"礼祖四世衍三房"之意。

从三世祖郑南莆开始，郑氏一族便人丁兴旺，并开始分散居住到南头、西乡、向南、西冲、白沙、上步、蒗前、塘朗、留仙洞、大冲、莘塘、涌下、田下、梅林等处，真算得上枝繁叶茂、家大业大了。

塘朗社区郑氏宗祠

大新社区涌下村郑氏宗祠

发现：南山宗祠庙宇

吴氏：延陵鸣瑞鸟，渤海跃横龙

据南园社区吴氏宗祠内的《南园吴氏历代功名志》以及南头《吴氏族谱》等资料可知，南头吴氏的开基始祖名为吴洪渊，宋代时曾在内廷翰林院做侍讲。后人因官名号，称之为"讲师"。约在南宋中期，因躲避战乱，吴洪渊带着黄氏、杜氏两位夫人和儿子宏子，举家南迁，经南雄珠玑巷，宦游至东莞恩德乡。吴洪渊对当地

南园社区吴氏宗祠

142

第四章 独特的祠联文化

南园社区吴氏宗祠屋顶双龙戏珠的博古脊

淳朴的民风青睐有加,遂在南山脚下的南园建村开基。因有座横龙岗,故取村名为横龙岗村,村名沿用至今,已800多年。三世祖吴广源当过宋朝的朝奉大夫,与文天祥是同僚。广源育有七子:长子国大、次子国用、三子国材、四子国佐、五子国闾、六子国辉、七子国闸。长子国大生有两个儿子,名为起震、起南。可惜的是,这七兄弟生逢改朝换代的宋元之际,战争不断,国破家亡。也许正是由于这个原因,才造成其中兄弟"六人皆失散逃乱,分走四处,至今不传"。只有第五子即四世祖吴国闾一人,劫后余生,大难不死。战乱过后,吴国闾返回祖地横龙岗村,重整祖业,大兴吴氏。

吴国闾字振大,号即山,在宋朝为官,官授正九品儒林郎。夫人温氏,生有五子:长子凤孙、次子龙孙、三子麟孙、四子骥孙、五子骝孙,散居横龙岗、塘边、南园街边、大冲、城内西门五地。南头吴氏大宗祠,最早见于横龙岗南堂,名为"五聚堂",正源于此。长房五世祖吴公凤孙,名羽仪,号文山,元朝冠带寿员。生有一子,即六世祖吴吉甫,元朝居士。吉甫亦育有一子,名贤举,为一代宿儒。凤孙一门,世居横龙岗村,过着耕读传家的生活。今南山街道南光社区横龙岗村内,尚有一座三开间两进布局的凤孙吴公祠。祠堂是近年重修的,两进正脊之上,皆雕饰双龙戏珠，门檐之下皆装饰花鸟彩画，屋顶全部铺设绿琉璃瓦面和滴水。整体风格富丽堂皇，足见凤孙一族家业之兴旺。二房龙孙与三房麟孙的后代，居住在南园社区南园村。南园吴氏崇文重教，以科举兴家，其中以十二世祖吴佑"一门四乡贤"的佳话最为著名。南头历史上第一位解元吴国光，正是吴门四乡贤之一。今南园村尚存南园吴氏宗祠和双洲吴公祠。南园吴氏宗祠于2010年完成修缮翻新，为三开间三进布局，面宽13.8米，进深52米，是南山区现存宗族祠堂中规模形制最为宏大、雕镂装饰最为富丽的一座。双洲吴公祠祭祀的是吴氏十三世祖频公。频公号双洲，明朝时创立租田数百余亩。吴双洲笃志儒业，但多次参加科举考试都没能考中，最终于明嘉靖三十五年（1556年）纳岁贡生。现存的双洲吴公祠，近年经过改建，第一进改为平房，第二进为硬山，已被改得面目全非，对了解本地宗族祠堂建筑形制的演变，已无参考价值。四房骥孙后裔，居大冲，以经商为主。五房骝孙后裔，居南头古城，多入行伍。

横龙岗村的凤孙吴公祠，其头门楹联为：

渤海跃横龙，直向禹门及浪；
延陵鸣瑞鸟，久纵圣世来仪。

对联中出现了两个地名：渤海与延陵，都是在说明其族姓为吴氏。据南园社区吴氏宗祠内《吴氏渤海延陵根源志》一文记载，吴氏始祖太伯是周太王古公亶父的儿子，原姓姬氏。这位吴太伯，就是《论语·泰

第四章　独特的祠联文化

南园社区吴氏宗祠一进与二进间威仪的仪门

发现：南山宗祠庙宇

重修后雕梁画栋的凤孙吴公祠

第四章 独特的祠联文化

伯》篇里提到的那位泰伯。西汉司马迁所撰《史记》中,有《吴太伯世家》一篇,对这位吴太伯的身世有详细的描述。吴氏的祖先,可以追溯到上古的少典氏。少典氏生有一子,他就是华夏始祖轩辕黄帝。据说轩辕黄帝有很多儿子,其中一子名为青阳氏玄嚣(少昊)。玄嚣生蟜极,蟜极生高辛氏。这位高辛氏,就是三皇五帝中五帝之一的帝喾。帝喾又生了一个儿子,名为弃。弃就是历史上那位发明五谷、教人稼穑的后稷。后稷一族,便是姬姓部落。中间又经过十世,便传到了周太王古公亶父。周太王有三子,长子就是太伯,次子名仲雍,三子名季历。三个儿子中,季历最为贤明。季历有个儿子名叫姬昌,他就是后来拘羑里、演《周易》、名垂千古的周文王。姬昌从小就表现出王者风范,周太王十分喜欢,有意立季历为王,以便将来能传位于姬昌。太伯、仲雍两兄弟十分清楚父亲周太王的用意,两人便逃到东南荆蛮之地,并断发文身,以示让位于三弟季历的决心。当地人听闻太伯乃深明大义之人,便自发搬迁到太伯避居之处居住,规模多达千余家,并自称国号为勾吴。据传,太伯避居的荆蛮之地,就是江苏无锡梅里村渤海这个地方。故后

发现：南山宗祠庙宇

凤孙吴公祠屋顶栩栩如生的彩绘灰塑

人便称吴氏为渤海东吴氏。"禹门"即龙门，借鱼跃龙门的故事，寄寓吴氏一族将来仕途无量。

　　吴太伯建立勾吴国后，传至五世，周武王伐纣便灭了商朝，建立周朝。周武王称王后，寻找到太伯、仲雍的后人周章和虞仲，分别封于吴国和北方的虞国。其中，吴国传至十九世寿梦方才称王。这位吴王寿梦有四个儿子，他最喜欢的是小儿子季札。因为吴王寿梦有意要将王位传于季札，所以生前便立下遗嘱，要求他的大儿子在传承王位时，必须遵循"兄终弟及"的原则，只有这样，才能保证季札最终能够称王。但是，季札就像他的先祖太伯一样贤明通达，同样拒绝继承王位，并迁往他处。后来，季札便被封于延陵，遂有"延陵季子"之称。延陵即今江苏常州，从此便和"渤海"一起成为吴氏一族的代名词。

鳳孫吳公祠

祖德流芳

延陵鳴瑞鳥久縱聖世來儀

勃海躍橫龍直向禹門及浪

祠堂楹聯上"渤海""延陵"指代吳氏的發源地

发现：南山宗祠庙宇

叶氏：门朝北斗，系出南阳

南山街道向南社区丁头村（又名墩头村）234号的叶氏宗祠，是深圳为数不多的、自中原南迁而来的移民的宗族祠堂。据祠内墩头村重建宗祠理事会撰写的叶氏《迁徙简历》可知，叶氏也是轩辕黄帝的后裔，最早系出沈姓始祖。这位沈姓始祖，就是周文王的第十个儿子，史载其名为聃叔季载。聃叔因受封于沈地（今河南平舆沈亭），故以封地沈为姓。春秋后期，沈氏十八代孙沈尹戍任楚国左司马，因

墩头村叶氏宗祠。系出南阳，指河南省南阳府叶县南村

第四章　独特的祠联文化

桂庙新村叶氏宗祠描金彩绘的精美木雕

与吴国征战而阵亡沙场。沈尹戍有子名沈诸梁，楚昭王封其为叶邑尹。当时，沈诸梁早已察觉到楚国王族白公胜有叛变之意，便向楚王进谏，楚王不听。公元前481年，楚国大乱，危在旦夕。沈诸梁率军平乱，因助楚惠王复位有功，晋封令尹兼司马。后告老于河南省南阳府叶县南村乡，子孙遂以县邑为姓，沈诸梁便成为叶氏始祖。墩头村叶氏宗祠内有堂号名曰"南阳堂"，正是对其始祖沈诸梁的纪念。

叶氏第一次南迁，始于三十四世祖叶望。叶望字世贤，曾任汉光禄大夫一职。汉灵帝时，叶望弃官归隐，从山东青州渡江南下，迁往江苏江宁府句容县。叶望因此成为叶氏南迁始祖。此后，直到六十六世祖叶颙，叶氏方才迁入广东。叶颙生于北宋徽宗大观元年（1107年）正月十一日，早年为躲避宋金两国之战乱，随父来到福建莆田仙游县。南宋绍兴元年（1131年），二十五岁的叶颙高中进士，调任广东南海县主簿。此后，叶颙历任江西贵溪县令、浙江上虞县令和江苏常州知府等职。南宋孝宗乾道元年（1165年）八月，官拜兵部尚书。次年十二月，擢升左仆射兼知

151

墩头村叶氏宗祠中厅屏门,"善庆堂"为祠堂的堂号

第四章 独特的祠联文化

墩头村叶氏宗祠寝堂

枢密院事。晚年，叶颙辞官并离开福建，举家迁入广东南海大沥颜峰村，成为叶氏南迁至广东的始祖。叶颙生前，宋朝皇室曾赐名"正简"，故叶氏一门皆尊之曰正简祖。

叶颙生有七子，其第七子叶元泗又育有六子。从叶元泗的五儿子、叶氏六十八世祖叶吉甫这一宗开始，叶氏便首次迁入深圳石岩地区。墩头村叶氏宗祠寝堂内，就挂有叶氏始祖沈诸梁、正简祖叶颙及叶颙第七子叶元泗的画像。至七十五世祖叶秀松、叶秀柏、叶秀梅三兄弟，于元朝末年来到骑岭龟庙，即今天的桂庙村。此后，叶秀柏的子孙世居桂庙村，民国末年，因战乱导致其中一部分叶氏族人迁往桂庙新村。今桂庙新村尚存有叶氏宗祠，该祠始建于清光绪年间，近年来全部重修。叶秀梅的后人则有一部分迁往墩头村，墩头村叶氏宗祠正代表了这一支。

该祠堂头门楹联颇为讲究，红底金字，十分醒目。联云：

系出南阳，叶茂枝繁，历代源流光世泽；

门朝北斗，敦宗怀祖，千秋祀祠荐馨香。

了解了叶氏家族的变迁历史，再来读这副祠联，便很容易理解了。

发现：南山宗祠庙宇

黄氏：江夏家声扬四海，维则世泽耀门庭

在南山街道北头社区北头村西街26号，有一座幽雅别致的黄氏宗祠，其江南园林式的装饰风格，在整个南山区独树一帜，给人留下极其深刻的印象。

据北头社区黄氏宗祠内有关黄氏家族的资料可知，黄氏先祖最早居住在福建莆田，福建始祖名黄刚，字存善，宋绍兴年间进士，曾任考工员外郎一职。黄刚生有两个儿子，因其长子到广东惠州海丰县履职，次子黄玑亦随之来广。这是宋代以后，黄氏先祖第一次从福建移居广东。此后，又经过三次搬迁。到元朝时，其五世祖黄著才卜居于北头之鸡栖山。这便是北头社区黄氏一族的来历。

北头社区黄氏宗祠正门

第四章 独特的祠联文化

黄氏宗祠天井内绿植点缀其间，古朴雅致

历史上的北头村，面朝大海，背靠南山，因为建在南山北面的滩头之上，故名北头。自元朝立村以来，北头村村民世代都以捕鱼、养蚝为生。到了明初，黄氏八世祖黄庆祥靠挖鱼塘发家。黄氏十九世孙黄大恩曾赋《奉和十一世祖汉公原韵》诗二首，诗中写道："发迹闽中更纪游，移家粤徼占矶头。……不计官资擭组绶，为营海畔老菟裘。"又云："维则堂开垂勿替，莆田系出岂无由？"这几句诗，正是黄氏一族系出莆田、以捕鱼为生的生动写照。一般祠堂的堂号为"某某堂"，黄氏宗祠的则以祖先黄维则之名命名堂号，体现了后世子孙对先祖的崇敬之情。

北头黄氏宗祠头门楹联写道：

江夏家声扬四海；

维则世泽耀门庭。

江夏被海内外黄氏宗亲公认为黄氏的发祥地，自秦朝设立江夏郡至今，已有二千余年的历史。隋朝时改郡为县，县治在今天的武昌。此后，江夏一名，为历朝历代所沿用，其辖区位置也多有变化。从今天来看，大致在武汉市江夏区一带。黄氏一姓的发源很早，同样可以追溯到上古的轩辕黄帝。但是，其得姓的历史实际上

155

黄维则堂为黄氏宗祠堂号

第四章 独特的祠联文化

并没有那么久。据郑樵《通志·氏族略》记载，黄氏一族是江夏陆终的后人，陆终是"五帝"之一颛顼帝的曾孙。因陆终受封于古黄国（今河南省信阳市潢川县），后被楚国所灭，子孙便以黄为姓。战国四君子之一的春申君黄歇，曾做过楚相，定居在江夏且终老于此。因黄歇在历史上声名卓著，故被黄氏后人尊为江夏黄氏的鼻祖。此后，天下黄姓纷纷聚居江夏，江夏便成为黄氏的郡望所在。到了汉代，出了一个大孝子黄香，蒙学读本《三字经》里讲"香九龄，能温席。孝于亲，所当执"，说的就是这位黄香。当时就有"江夏黄香，天下无双"的美誉。魏晋以后，战争频仍，黄氏四散，如今已遍布天下。"江夏黄"，遂为天下黄姓族裔所宗仰，"江夏家声"所指即此。

大门鼓台上的木雕

屋角栩栩如生的鳌鱼

屋顶正脊上精美的人物彩塑

发现：南山宗祠庙宇

方氏：银青世胄，金紫家声

据《平山方氏族谱》记载，平山方氏乃方雷之后。传说，方雷是神农氏第八世孙帝榆冈的大儿子，因协助黄帝大战蚩尤有功，被封于方山（今河南嵩山一带），后世子孙便以封地为姓。方氏即源于此。后来，因为战乱等原因，方氏族人开始从河南先后向安徽、福建、广东等地迁徙。

平山村开基始祖为方氏十一世祖方旭（又名方基周）。方旭，字晃，号东明，曾任明修职郎一职。明朝时，方旭带领家人从东莞迁至平山，成为平山方氏始祖。平

西溪方公祠与广旸方公祠相邻而建，建筑形制与装饰几乎一致

方氏宗祠是平山社区方氏的总祠,为纪念方氏十一世祖方旭而建

西溪方公祠

六桂流芳

金紫家聲

銀青世胄

西溪方公祠是紀念方氏十三世祖方鉉而建，西溪為其號

第四章　独特的祠联文化

山村现有三座方氏祠堂，皆为近年来重修，分别是：方氏宗祠、广旸方公祠和西溪方公祠，其中方氏宗祠是总祠。方广旸是方旭的第三子，乃方氏十二世祖，当过明代的修职郎。由于兄弟早丧，方广旸竭力抚养两位幼小的侄子，并将自己置立的田产全部分给家族里的人，是方氏家族的典范。方西溪是方旭第四子方广昱的长子，为方氏十三世祖，名方铉，西溪是他的别号。

平山社区广旸方公祠和西溪方公祠，头门楹联内容完全一样：

银青世胄；
金紫家声。

唐宣宗大中年间，都督长史方琡从安徽歙县返回河南固始老家居住。方琡之孙方廷范的六个儿子，后来因为全部考中了固始籍的进士，便有"六桂联芳"的佳话。不仅如此，因方廷范的五儿子方仁载曾官封上柱国金紫光禄大夫，父随子贵，方廷范也同样被封为上柱国金紫光禄大夫。方氏一族以此为莫大荣耀，便有了"金紫方氏"这一称号。此即"金紫家声"的内涵。

祠堂屋角威武的瑞兽

描金绘彩的木雕

参考文献

一、著作

[1] 班固. 汉书 [M]. 北京：中华书局，1962.

[2] 朱熹. 楚辞集注 [M]. 蒋立甫，校点. 上海：上海古籍出版社，2001.

[3] 朱熹. 家礼 [M]. 王燕均，王光照，校点. 上海：上海古籍出版社，1999.

[4] 程颢，程颐. 二程集 [M]. 王孝鱼，点校. 北京：中华书局，1981.

[5] 李东阳. 大明会典 [M]. 申时行，重修. 明万历十五年内府刊本. 哈佛大学汉和图书馆藏.

[6] 孙星衍. 汉官六种 [M]. 周天游，点校. 北京：中华书局，1990.

[7] 许慎. 说文解字注 [M]. 段玉裁，注. 杭州：浙江古籍出版社，2007.

[8] 赵翼. 陔余丛考 [M]. 北京：商务印书馆，1957.

[9] 梁思成. 中国建筑史 [M]. 天津：百花文艺出版社，1998.

[10] 刘敦桢. 中国古代建筑史·第2版 [M]. 北京：中国建筑工业出版社，1984.

[11] 程建军. 燮理阴阳 中国传统建筑与周易哲学 [M]. 北京：中国电影出版社，2005.

[12] 张一兵. 深圳通史·图文版 [M]. 深圳：海天出版社，2018.

[13] 杨鸿勋. 建筑考古学论文集·增订版 [M]. 北京：清华大学出版社，2008.

[14] 李允鉌. 华夏意匠 中国古典建筑设计原理分析 [M]. 天津：天津大学出版社，2005.

[15] 楼庆西. 美轮美奂 中国建筑装饰艺术 [M]. 北京：中国建筑工业出版社，2014.

[16] 伊东忠太. 中国建筑史 [M]. 廖伊庄，译. 北京：中国画报出版社，2017.11.

[17] 金夏. 古典建筑装饰 [M]. 合肥：黄山书社，2016.

[18] 周彝馨，吕唐军. 佛山祠庙建筑 [M]. 北京：中国建筑工业出版社，2017.

[19] 魏克晶. 中国大屋顶 [M]. 北京：清华大学出版社，2018.

[20] 刘捷. 台基 [M]. 北京：中国建筑工业出版社，2010.

[21] 潘谷西，何建中. 《营造法式》解读·修订版 [M]. 南京：东南大学出版社，2017.

[22] 罗春荣. 妈祖传说研究：一个海洋大国的神话 [M]. 天津：天津古籍出版社，2009.

[23] 罗春荣. 妈祖文化研究 [M]. 天津：天津古籍出版社，2006.

[24] 金其桢，崔素英. 牌坊中国：中华牌坊文化（图文版）[M]. 上海：上海大学出版社，2010.

[25] 王其钧. 中国建筑图解词典 [M]. 北京：机械工业出版社，2007.

[26] 徐中舒. 甲骨文字典 [M]. 成都：四川辞书出版社，1989.

[27] 俞兆鹏，俞晖. 文天祥研究 [M]. 北京：人民出版社，2008.

二、论文

[28] 冯江. 明清广州府的开垦、聚族而居与宗族祠堂的衍变研究[D]. 广州：华南理工大学，2010.

[29] 李沛琦. 清广东巡抚王来任展界与名宦祭祀研究[J]. 广州社会主义学院学报，2018(3)：89-94.

[30] 彭全民. 我国最早向西方"佛朗机"学习的人：汪鋐传略考[J]. 东南文化，2000(9)：66-69.

[31] 王见川. 真武信仰在近世中国的传播[J]. 民俗研究，2010(3)：90-117.

[32] 申小红. 岭南的玄武信仰遗迹[J]. 岭南文史，2010(1)：42-45.

[33] 黄淼章，邝桂荣. 古代帝王对南海神的封号[J]. 岭南文史，2001(2)：53-56.

[34] 侯会. 华光变身火神考—明代小说《南游记》源流初探[J]. 明清小说研究，2008(2)：234-246.

[35] 曲文军. "班春"习俗考[J]. 民俗研究，2001(4)：187-188.

[36] 刘雅萍. 唐宋影堂与祭祖文化研究[J]. 云南社会科学，2010(4)：126-130.

[37] 薛正昌. 关羽与关公文化析论[J]. 运城学院学报，2017，35(1)：1-6.

[38] 王元林. 宋南海神庙《六侯之记》碑考[J]. 暨南史学，2005(0)：142-152.

[39] 王鲁民，肖文斌. 牌坊小议[J]. 建筑师，2016(4)：72-77.

[40] 吴卫，洪山. 中国传统建筑脊饰符号螭吻[J]. 包装学报，2013，5(1)：68-72.

[41] 杨玉荣，王维. 尸祭礼俗消亡考[J]. 社科纵横，2009，24(10)：134-137.

三、族谱

[42] 中华陈氏族谱.

[43] 郑氏南莆祖五大房族谱.

[44] 墩头村叶氏宗谱.

[45] 平山村方氏族谱.

四、电子资源

[46] 程建. 文应麟侨寓归德场[EB/OL]. 2004-06-22.

http://www.crntt.com/crn-webapp/cbspub/secDetail.jsp?bookid=31801&secid=31852.

http://bbs.tianya.cn/post-47-560639-1.shtml

[47] 廖虹雷，彭全民. 吴国光：敢忤权贵的深圳首位文解元[EB/OL]. (2014-01-15)[2014-01-16].

http://www.kaixian.tv/gd/2014/0116/1059628.html

AFTERWORD 后记

为了全面系统地盘点深圳市南山区宗祠庙宇类古建筑遗存，深圳市南山区文物管理委员会办公室牵头，委托深圳市点石文化传媒有限公司"发现城市之美"项目组编撰这部《发现：南山宗祠庙宇》作品。

深圳市南山区现存完好的宗祠庙宇共29座，其中宗祠21座、庙宇8座。为了探究这些古建筑的风格形制、建筑元素和历史背景，了解这些古建筑背后的故事以及物理现状，项目组历时两个月，深入社区村落，拉网式走读，采访当地原住居民、宗祠族人，力求翔实记录这些珍贵的文化遗产。通过查阅参考大量的文献资料，考证和比对历史记载，历经8个月的创作和多次审校修改，这一部作品终于付梓。

有人说，买书真的是世界上最划算的交易。你用一顿饭的价钱，就有可能买到别人一生的心血。因为每一部作品，都要经过作者无数次修改打磨，作者总是知无不言言无不尽，他们总是希望将最好的内容毫无保留地呈现给读者。《发现：南山宗祠庙宇》就是这样一部作品。南山区现存的每一座古建筑都是一部厚重的历史书，它们是深圳历史的重要载体。"深圳是一个文化沙漠"——这是很多人对深圳的刻板认知，对深圳最深的误解。如果你偶尔放慢脚步，翻阅这部作品，找到作品中记录的古建筑，再走近它，你会发现，深圳在你面前变得厚重。这些古建筑被高楼层层包围，静静地细数光阴，百年如一日。它们如同一扇窗户，透过它，能看到深圳多姿多彩的历史文化。

编撰这本书的过程，也是一个学习过程。中华文化博大精深，了解中国源远流长的建筑文化，发现古建筑之美，记录古建筑之美，也是对古建筑的保护和传承。感谢深圳市南山区文物管理委员会办公室的支持与指导，感谢在采访过程中予以帮助的各位！笔者非古建筑研究专业，珠玉在前，本书中定存在疏漏与不足，某些表达或许不够专业严谨，恳请各位专家和读者指正！

"发现城市之美"项目组
2019年12月

出　　　品	深圳市南山区文物管理委员会办公室
顾　　　问	梁　莉　张宝华
主　　　编	肖岳山　张春意
副 主 编	刘向辉　徐舜希
监　　　制	龚志先　卢卫卫　谢宏中
撰　　　稿	刘向辉　徐舜希
摄　　　影	徐舜希　袁贞贞
测　　　绘	惠州市梓淳设计有限公司
运 营 主 管	齐玲玲
新媒体运营	陈森梅　周如意
装 帧 设 计	深圳点石图文有限公司
著 作 权	经世文化发展（深圳）有限公司
	深圳市点石文化传媒有限公司
地　　　址	深圳市福田区田面设计之都 2 栋 5B
电　　　话	0755-23931086
微　　　信	发现城市之美
二 维 码	

一扫解乡愁